나의
긴 이야기

야옹으로 말하는
내 고양이와의 교감일기

오야마 미스즈 지음
최서희 옮김

시작하며
이 책은 고양이 이야기가 아니다

고양이를 좋아하냐는 질문을 받으면, 잘 모르겠다.

해가 저물고 커튼 너머로 부드러운 불빛들이 점점이 켜진 길을 따라 걷다보면, 때때로 그 채도 낮은 풍경 속에서 고양이의 실루엣이 나타난다.

희미한 불빛 속에서 가만히 이쪽을 보고 있거나, 달리는 속도에 맞추어 몸을 쭉 폈다 접었다 하면서 길을 건너거나, 그대로 남의 집 좁은 담장 사이로 쏙 들어간다.

긴이 우리 집에 올 때까지, 나는 길에서 정체 모를 고양이들과 우연히 마주치는 것이 기뻤다. 고양이가 애교를 부리면 쓰다듬어 주기도 했다. 하지만 지금은 비 오는 날이나 추운 겨울이면 아무래도 그들의 행복에 대해 진지하게 생각하게 된다. 우연한 만남이 주는 기쁨은 변함없지만, 나와 고양이들의 관계는 완전히 달라졌다.

이름이란, 그 대상을 기억해서 다른 것과 구별하고 이전에 부르던 모호한 명칭과도 멀어지게 한다.

우리 집에 온 손바닥만 한 아기 고양이는, 처음에는 길에서 만났

던 많은 존재들처럼 어디서 왔고 어디로 가는지 모를 '고양이'였는데, 여러 해를 함께 지내면서 점차 '긴'이 되었다. 가로등 아래를 종종걸음으로 달려가던 실루엣은 '고양이'라는 단어와 마찬가지로 나에게는 여전히 모호한 이미지다. 그런데 긴은 분명 고양이지만, 동시에 '고양이'라는 모호한 단어와는 동떨어져 있다.

그래서 이 책은 '고양이'에 관한 이야기가 아니다. 나는 '긴'은 조금 알고 있지만, '고양이'는 아직도 잘 모르겠다.

차례

시작하며 **이 책은 고양이 이야기가 아니다** 2
고양이와 상자 33
아침의 긴 65
산책 97
마치며 **나를 구원할 기억의 조각보** 142

나

긴

이 글을 쓰고 있는 사람이자, 집사.

어느 날 밤, 갑자기 여동생이 집에 데려왔다. 친구네 집 앞에 놓인 상자 속에 들어 있었다고 한다. 생후 10일 정도 된 아기 고양이에게 엄마가 '긴'이라는 이름을 붙여주었고 긴은 우리와 함께 살게 되었다.

2005년 9월 11일에 태어났(다고 추정한)다. 우리 집에 왔을 때 150g의 생쥐만 했던 긴은 1년 만에 5kg으로 자랐고, 열세 살인 지금은 4kg쯤 나간다. 귀 끝이 뾰족하고 회색 줄무늬다.

2014년 8월 16일

양치하는 시간

양치질을 할 때
앉아서 무릎 위에 올려주면
기분이 좋은 긴.

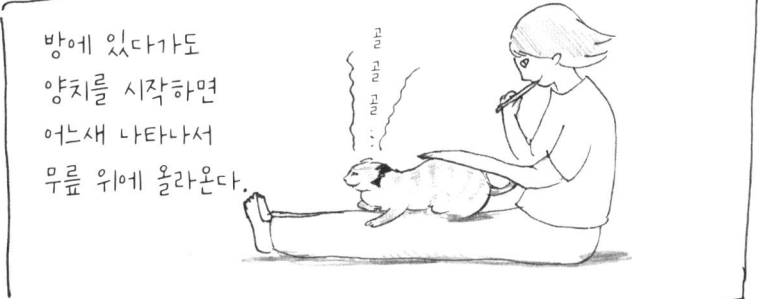

방에 있다가도
양치를 시작하면
어느새 나타나서
무릎 위에 올라온다.

2014년 8월 30일

센티멘털

긴은 9월 11일이면 아홉 살이 된다.

엉덩이가 살짝 빠져 나옴.

오래 살아야 해!

벌써 아홉 살… 시간이 빠르다고 생각하니 조금 슬퍼졌다.

꼬오옥

와락

금방 스르륵 빠져 나가 버린다.

탈출했다옹~

스르륵

긴은 안기는 것을 싫어해서

그래도 살짝 닿는 위치에 다시 눕는다.

골골골…

살포시

고양이는 미래의 일이 아니라, 지금 기분이 좋은가 나쁜가를 기준으로 움직이는데 그 점이 정말 좋다.

2014년 9월 26일

* 긴은 매일, 내가 반신욕을 하는 동안 욕조 덮개 위에 올라와서 망을 본다.

목욕시간

살짝 엉거주춤~
움찔
여차하면 바로 뛰쳐나갈 거라용~

아직 욕조에 익숙하지 않던 어린 긴.

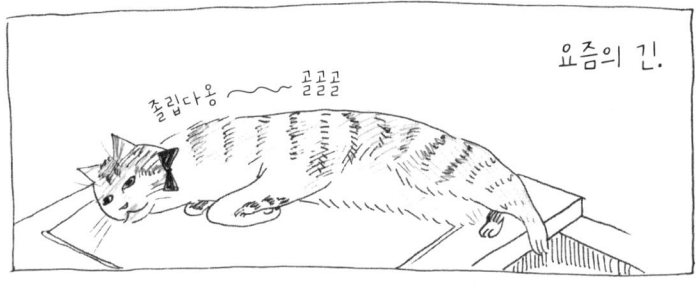

졸립다옹 ~~ 골골골

요즘의 긴.

드르렁 드르렁
푸우 푸우

덮개 밖으로 삐죽 나온 발

반신욕을 오래 하는 집사에게 완전히 익숙해졌다.

쭈—욱—

(아직 샤워는 무섭다옹~)

10

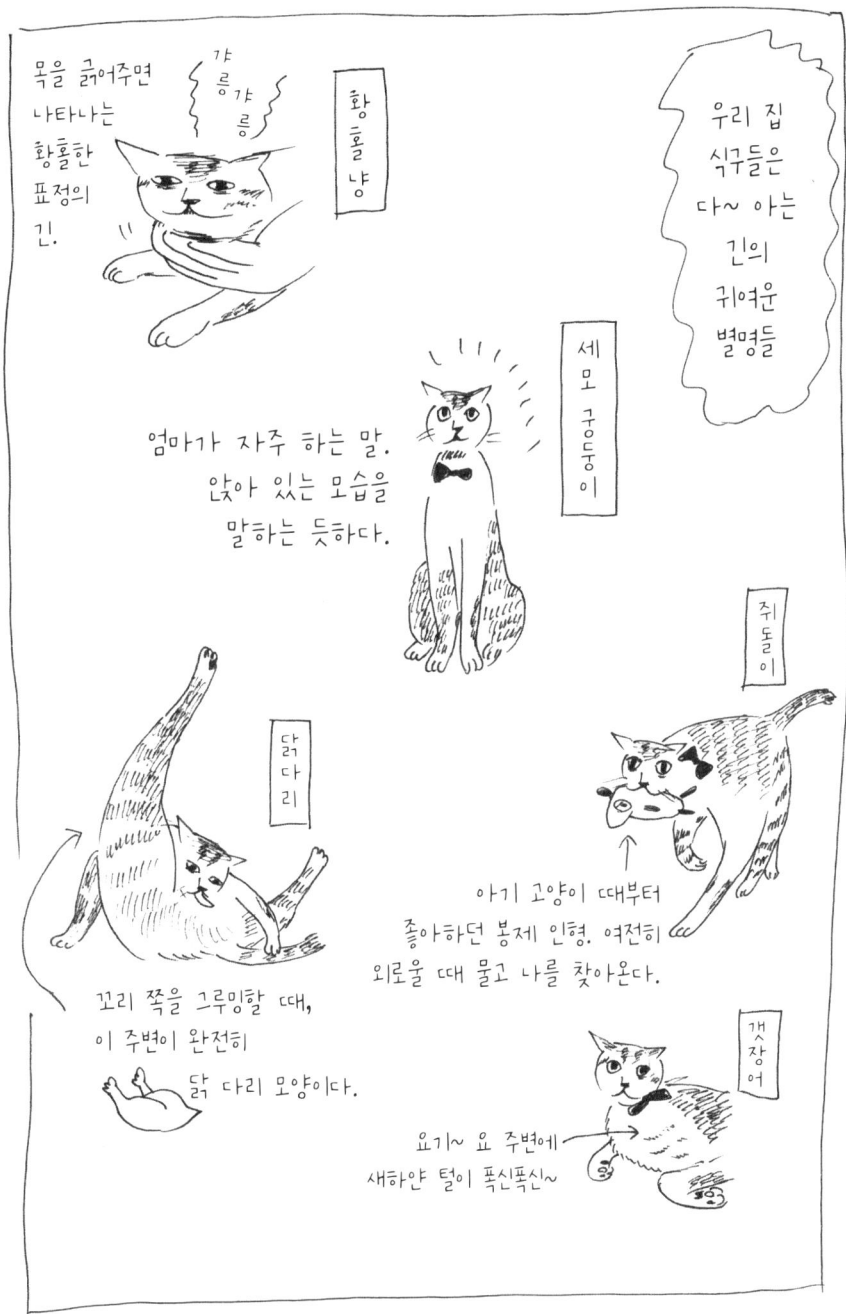

2014년 9월 29일   꿈

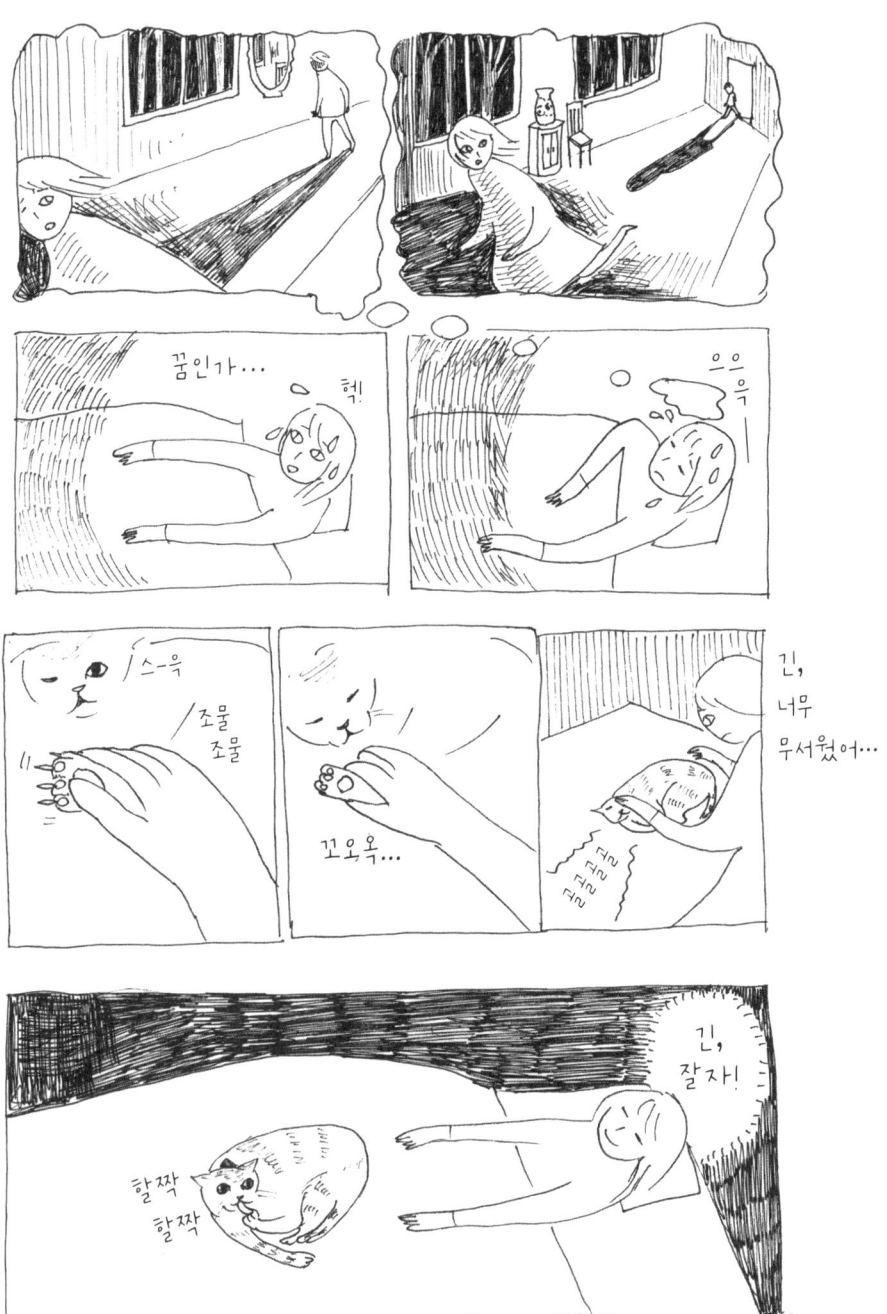

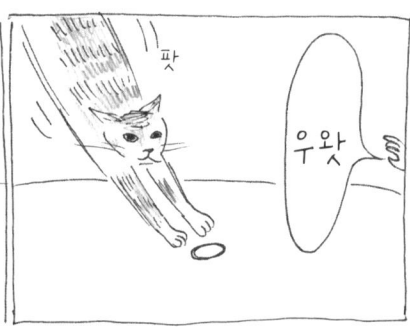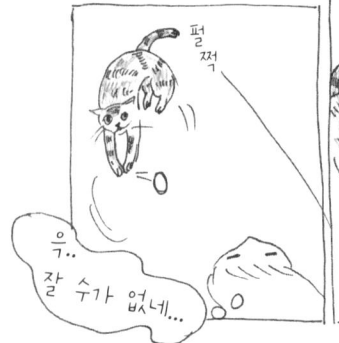

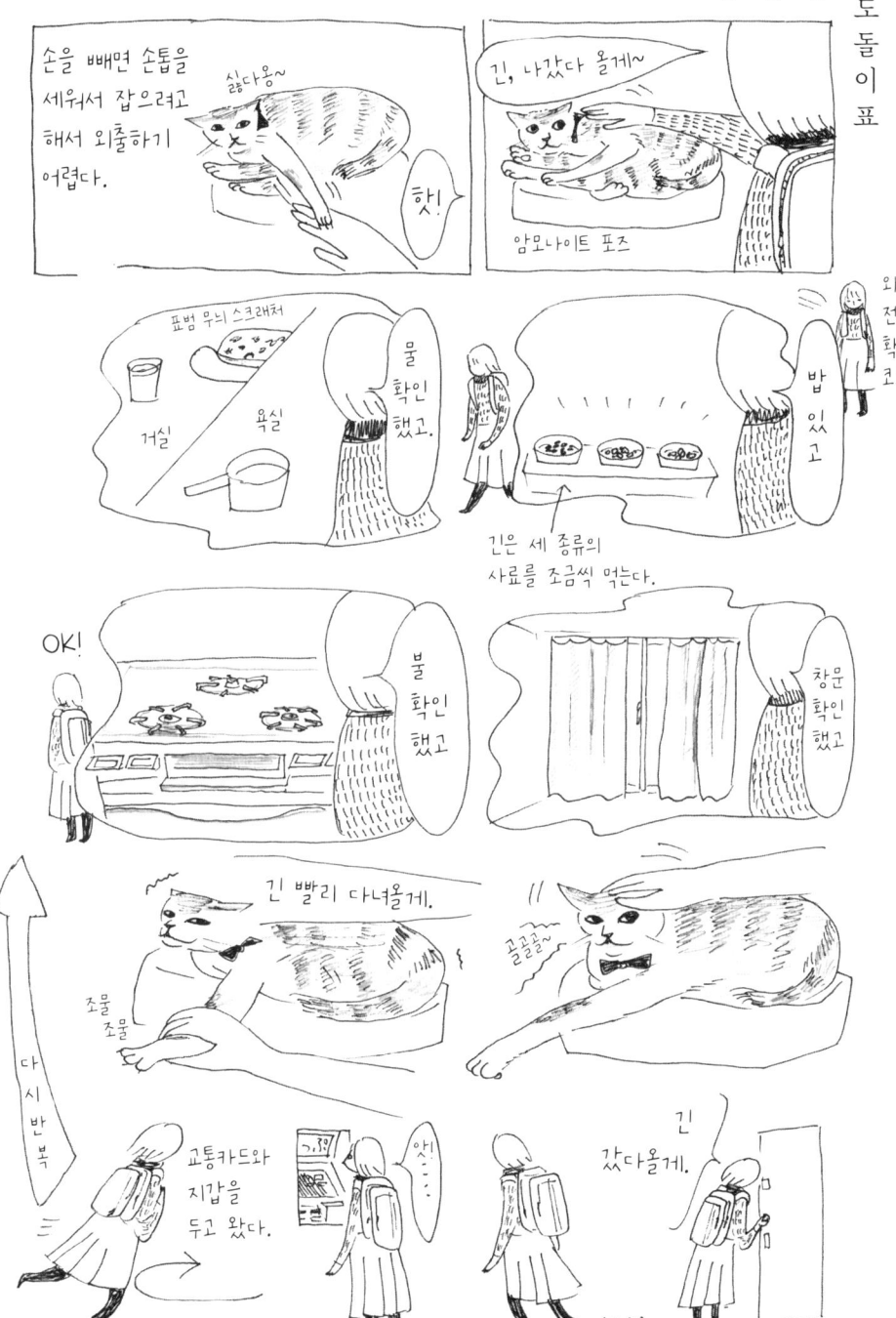

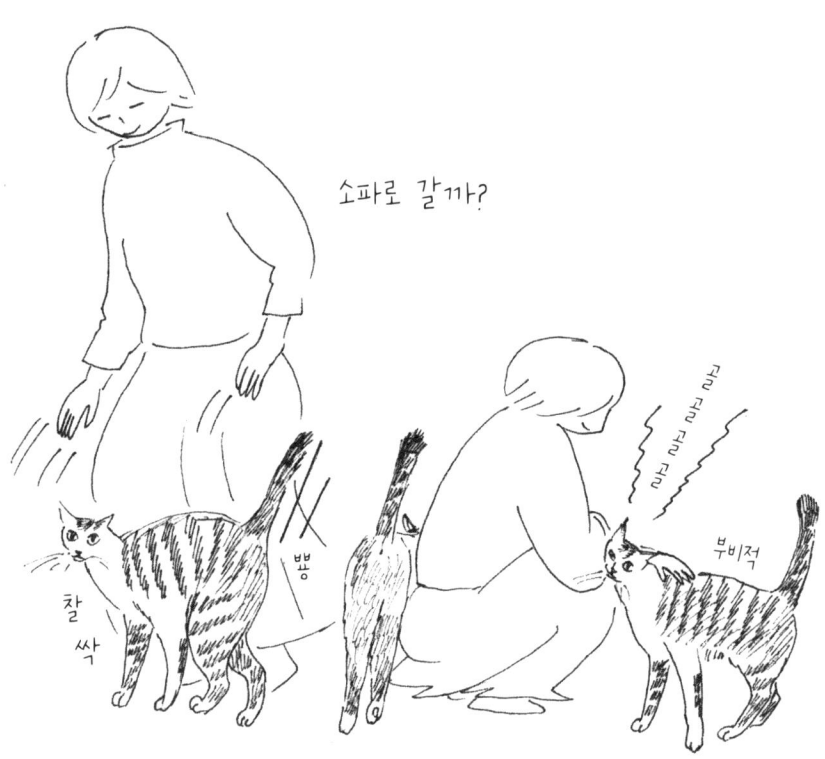

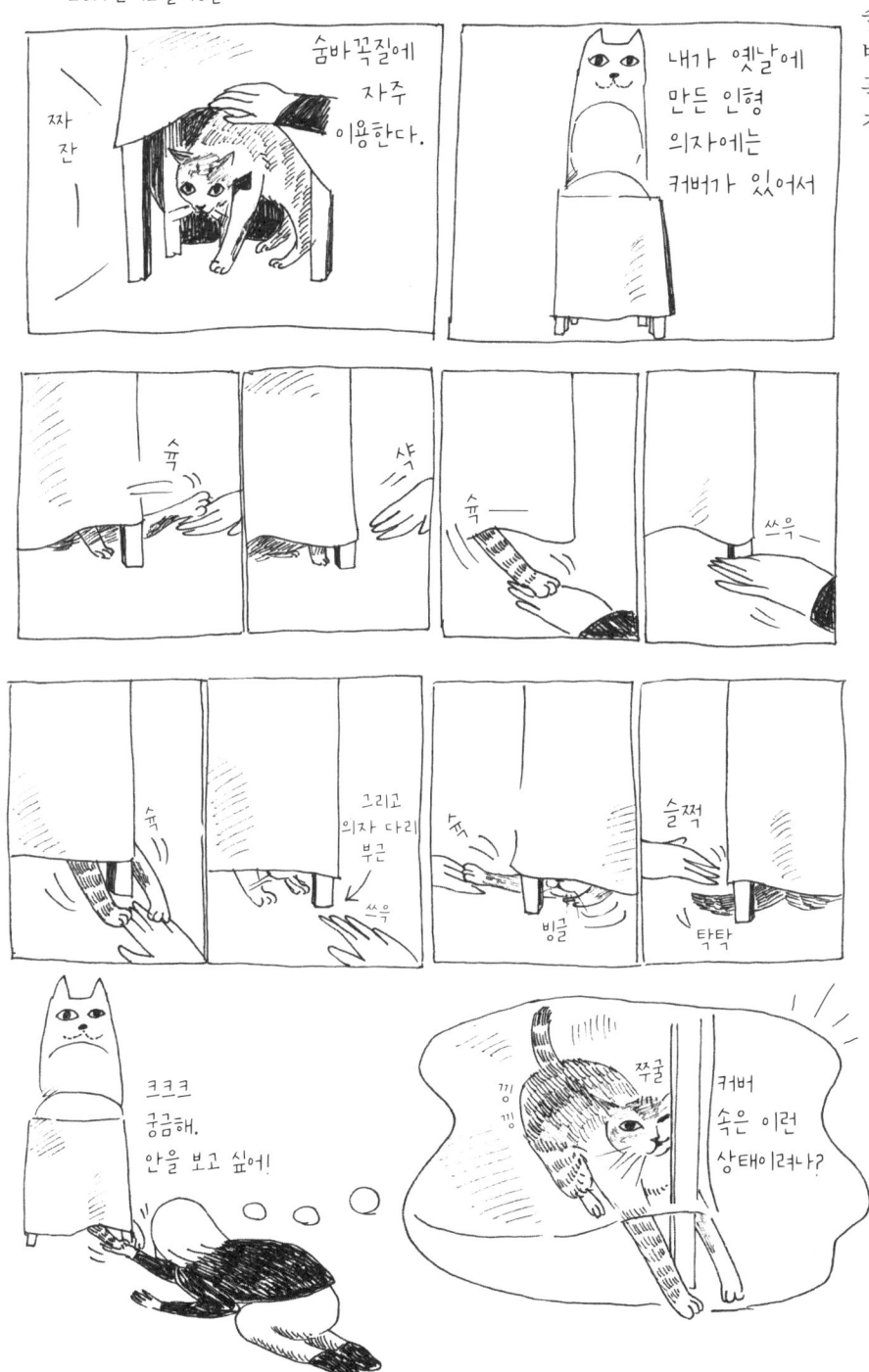

2014년 12월 15일

캣 타워

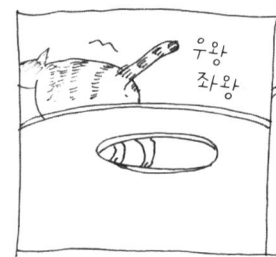

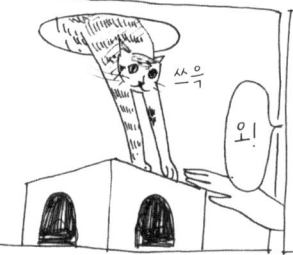

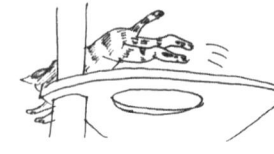
결국 대개는 구멍 말고 다른 곳으로 휙- 내려온다.

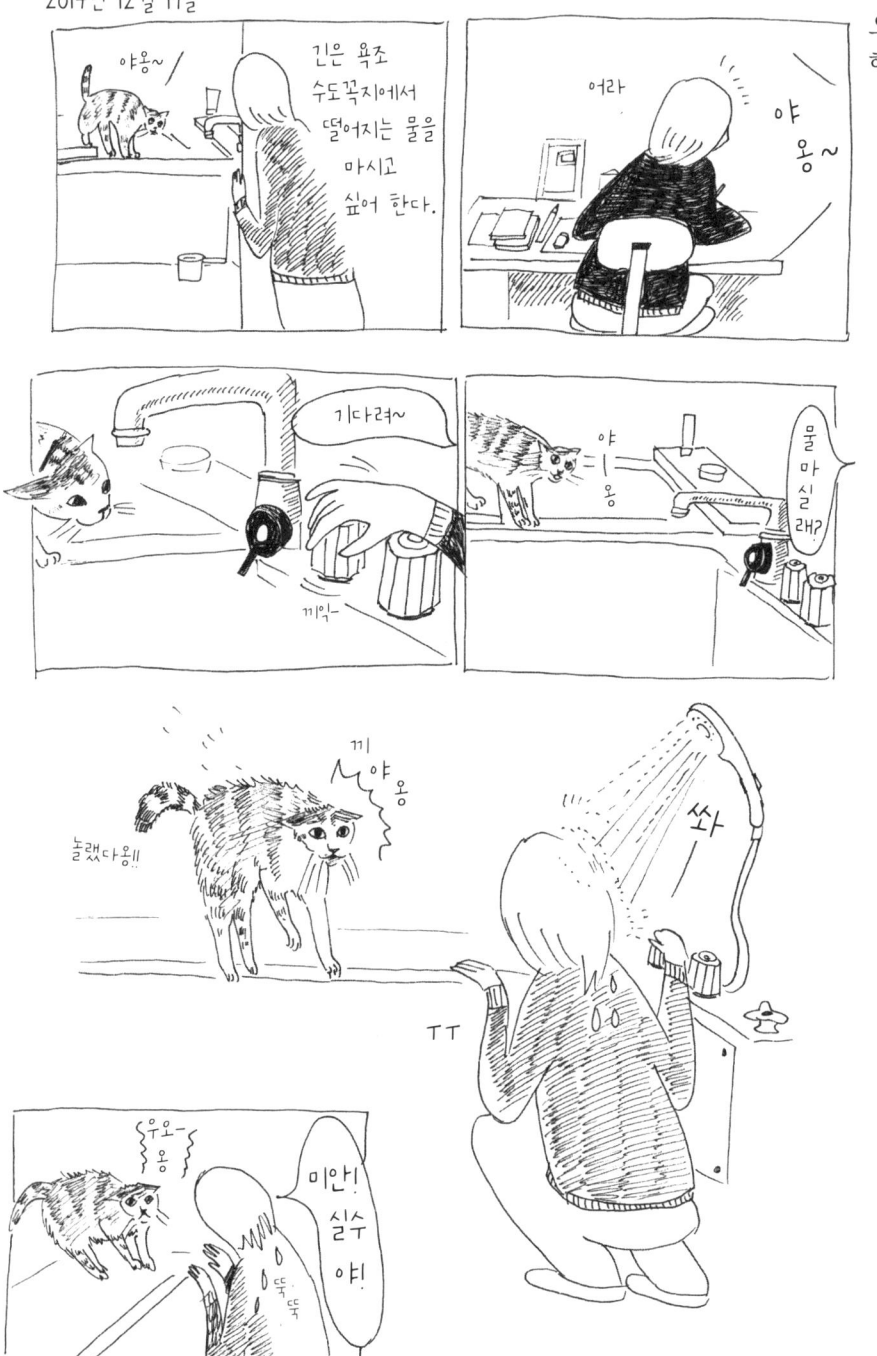

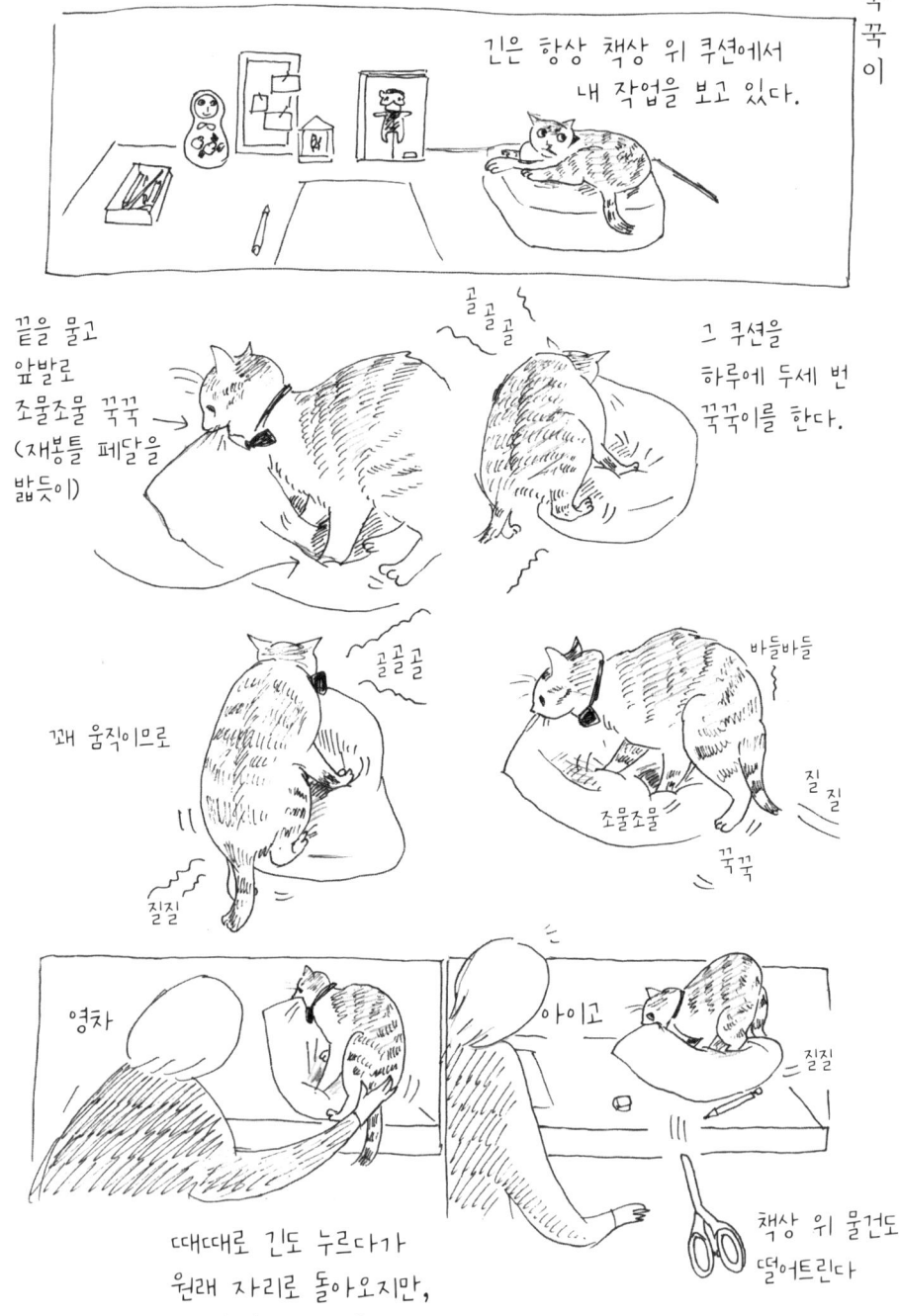

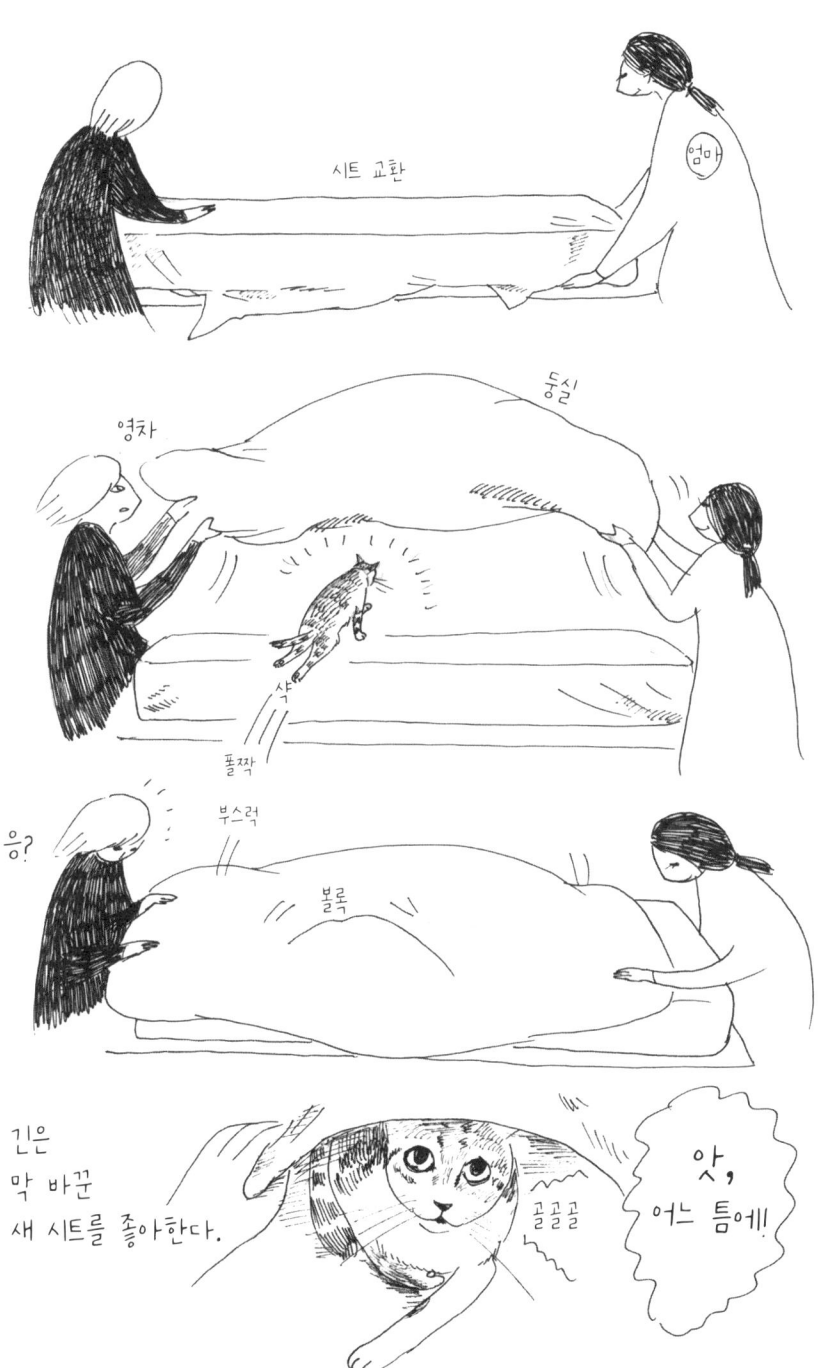

2015년 1월 30일

눈 내리는 날

눈이 왔다.

이리 와

우와, 눈이다!

야—옹

쿵쿵

두리번 두리번

눈 때문인가 생각했지만 안겨 있는 게 싫었을 뿐이었다.

버둥

야옹~

응? 눈이 신경 쓰여?

눈이 흰색이 아니었다면 흥미를 느꼈으려나?

고양이와 상자

   말이란 상자와 같다.
   분명 존재하긴 하지만 내 머릿속에 들어 있어서 나밖에 꺼내지 못하는 그 몽글몽글 모호한 상(象)을, '말'이라는 상자에 넣으면 어딘가의 누군가에게 전달할 수 있다.

   예를 들어 개개인의 머릿속에 들어 있는 '사과'에는, 만질 수 있는 모든 사과보다 훨씬 더 다양한 뜻이 들어 있다. 이를 어떻게든 '사과'라는 라벨을 붙인 상자에 넣은 것이, 우리가 사용하는 '사과'라는 단어가 아닐까.
   매일 아주 많은 상자를 옮겨서 쌓고, 쉽게 내보내고 금방 잊어버리는데, 게다가 상자에 무엇이 들었는지 별로 신경쓰지도 않는 흐름이 반복되고 있다.
   라벨과 내용물이 다른지 어떤지 생각도 안 해보고, 상자만 있으면 멀

리까지 보내버린다. 때로는 자신이 전혀 알지 못하는 아주 먼 곳까지.

그런데 긴의 말은 상자에 담겨 있지 않다. 그냥 소리를 낼 뿐이다. 소리에 실린 미지의 의미는, 주변 상태나 몸짓, 표정과 목소리의 색깔을 통해 서서히 희미한 형체로 떠오른다. 그러면 나는 '놀고 싶다는 뜻일 거야.'라거나 '문을 열어 주었으면 하는구나.'라는 상자를 만든다.

이처럼 긴의 말은 정확히 옮길 수가 없어서 불확실하고 두려운데, 그만큼 잘 보고 듣고 기억하려고 애쓴다. 복잡해서 전해지지 않을 때도 있고 전달 과정에서 실수가 있기도 하지만, 가끔은 그런 시간이 정말 좋다.

어떤 책에서 '고양이의 판단 기준은 즐거운가, 즐겁지 않은가이다.'라는 글을 읽은 적이 있다(판단 기준이 아니라 감정이었을지도 모른다). 그 말을 수시로 떠올린다. 여기 가까이에 있는 것이 좋구나. 해가 들어오는 쪽이 좋구나. 큰 소리를 싫어하는구나. 혼자 집을 지키는 건 싫구나. 긴은 그것들을 기억하고는 있지만, 아마 늘 그때그때의 인상으로 하나하나를 나누는 것 같다.

그것들은 라벨이 붙은 상자에 들어가지 않는다. 소리를 들은 내가 크고 애매한 상자에 정리해 넣는 것이다.

'고양이는 스스로 사람이라고 생각한다.'라는 이야기도 가끔 듣는데, 그보다는 좋아하는 것과 싫어하는 것이 확실히 있어서 거기로 향하는 화살표가 있으며 그 화살표 쪽으로 향하는 방향 감각이 있을 뿐인 것 같다.

  동물과 식물과 건물, 자신과 그 외의 무언가, 인간과 고양이, 상자에 넣은 것들과 '알고' 있는 것들이 모두 경계 없이 섞여서 존재한다. 다만 분위기라고 할까, 그것을 어떻게 느끼는가 하는 화살표만 남아 있다.

  분명 긴은 항상 상자에 넣기 전의 것만 보고, 듣고 있다.

  이런 생각들에 잠겨 있노라면, 긴이 빈 상자에 슬쩍 들어갈 때마다 무언가 매우 적절하다는 느낌이 든다. 나와 긴의 사이에 있는 소리는 모두 커다란 하나의 상자에 넣을 수 있는 것일지도 모른다.

  '나는 긴을 좋아한다.'
  이 한 문장이 이 커다란 상자의 이름일 것이다.

2015년 3월 2일

외국어

골골골 / 옹지 옹지 / 오늘 외로웠지. / 말로 직접 전해지지 않고

긴의 생각 / 야옹 / 긴~ 긴~ / 집사의 생각

지금 가~ / 야옹 / 소리와 동작을 통해 오가니까

야옹 / 응, 응. / 졸려

아, 아니네. 왜 달라고 부른 거야? / 가끔은 틀린다.

냥— / 욕조 / 그래, 그래. 목마르구나.

영차 / 하지만 / 무릎

따뜻해라. 움직이는구나 후후후 / 긴이 기쁨을 직접 전해주는 느낌이 든다. / 소리를 내면 / 가르릉 / 무릎에 올라와 가르릉 그르릉 / 따끈따끈 뜨끈뜨끈

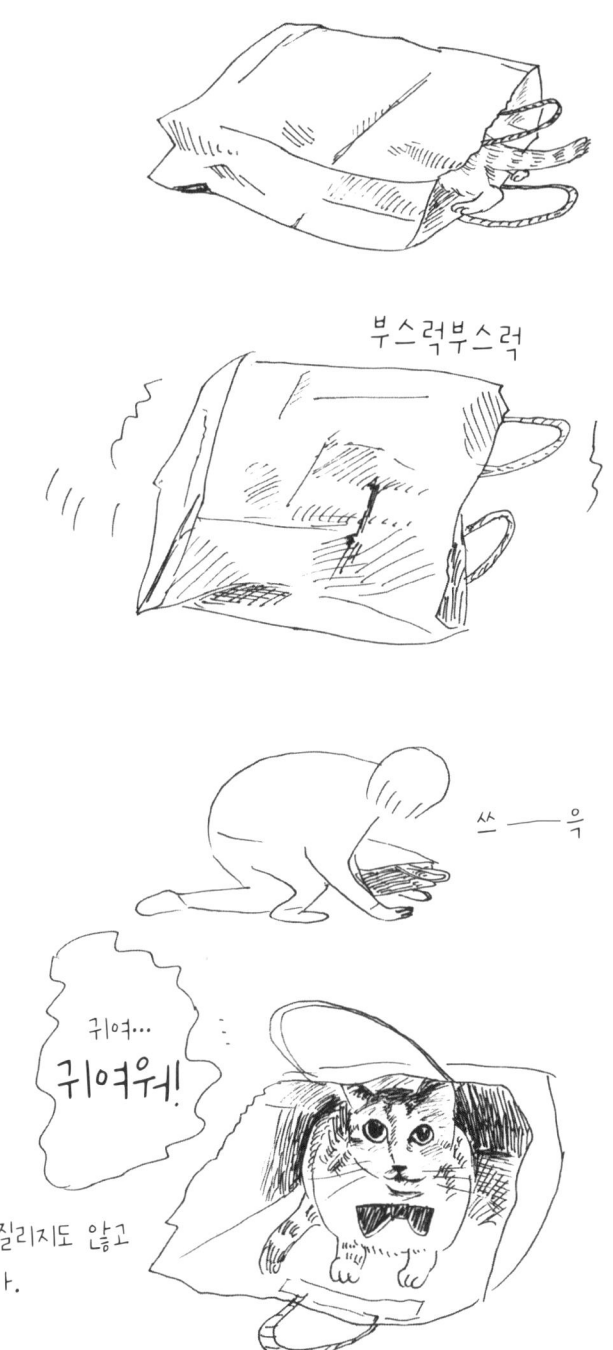

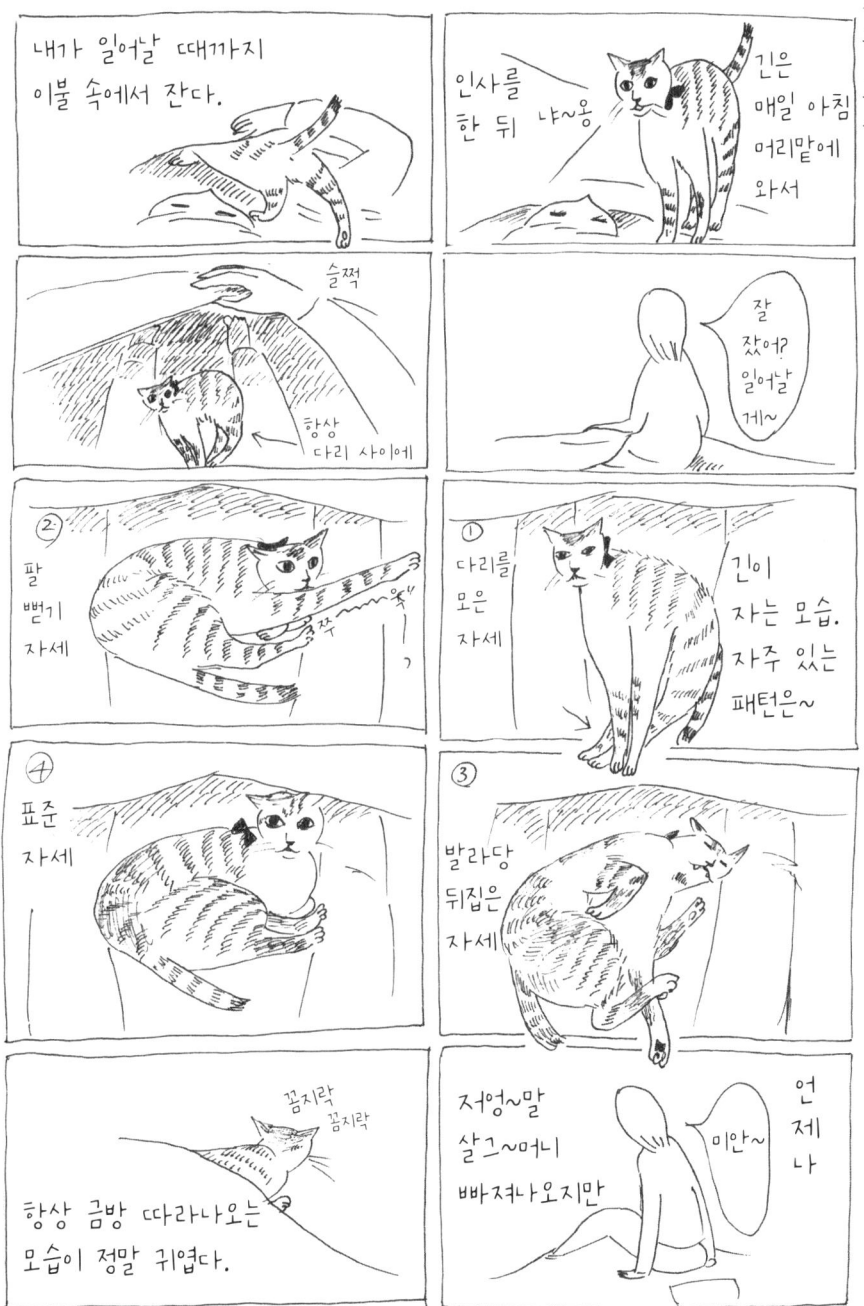

2015년 7월 21일

쓰담쓰담

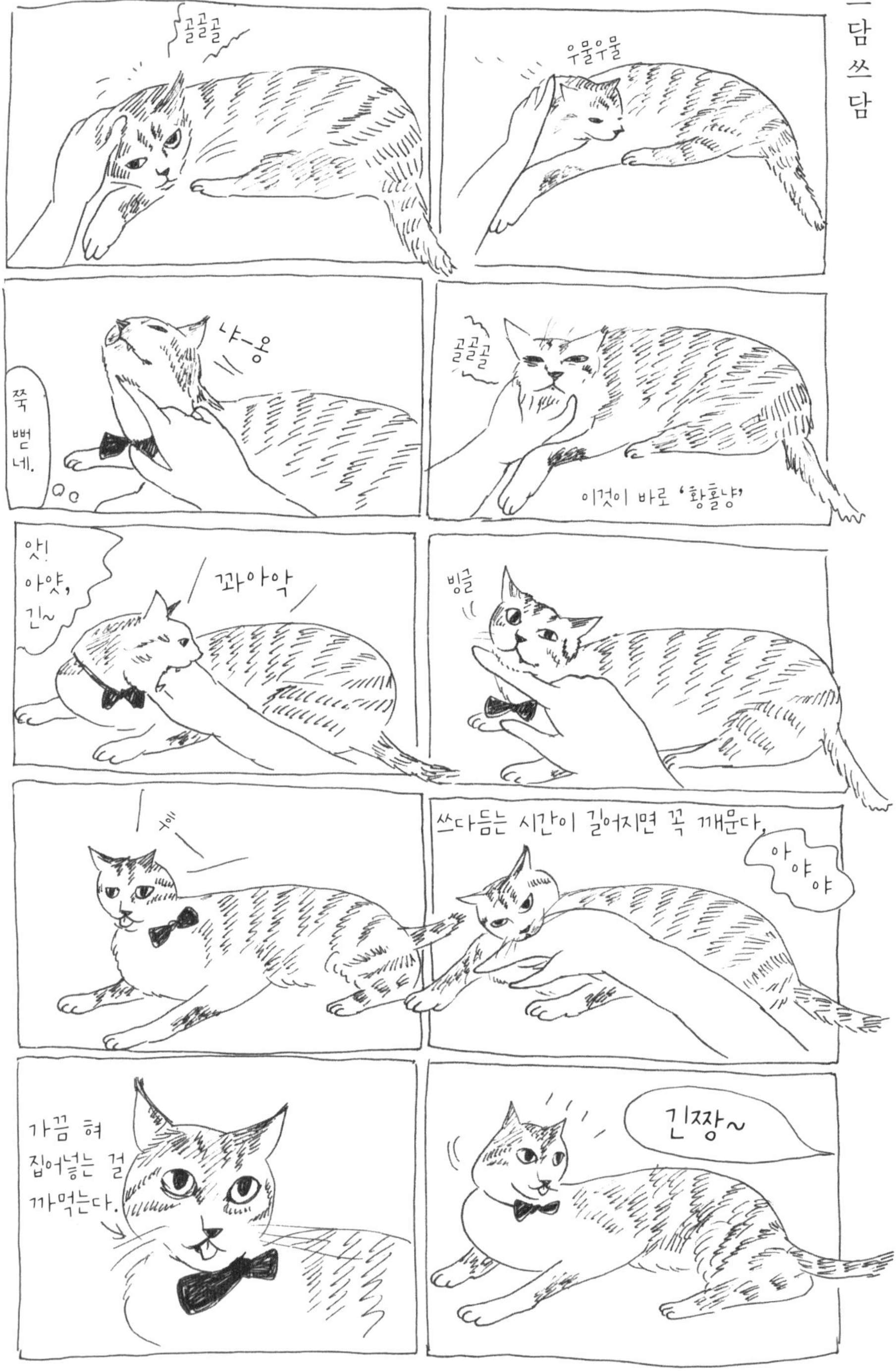

2015년 8월 23일

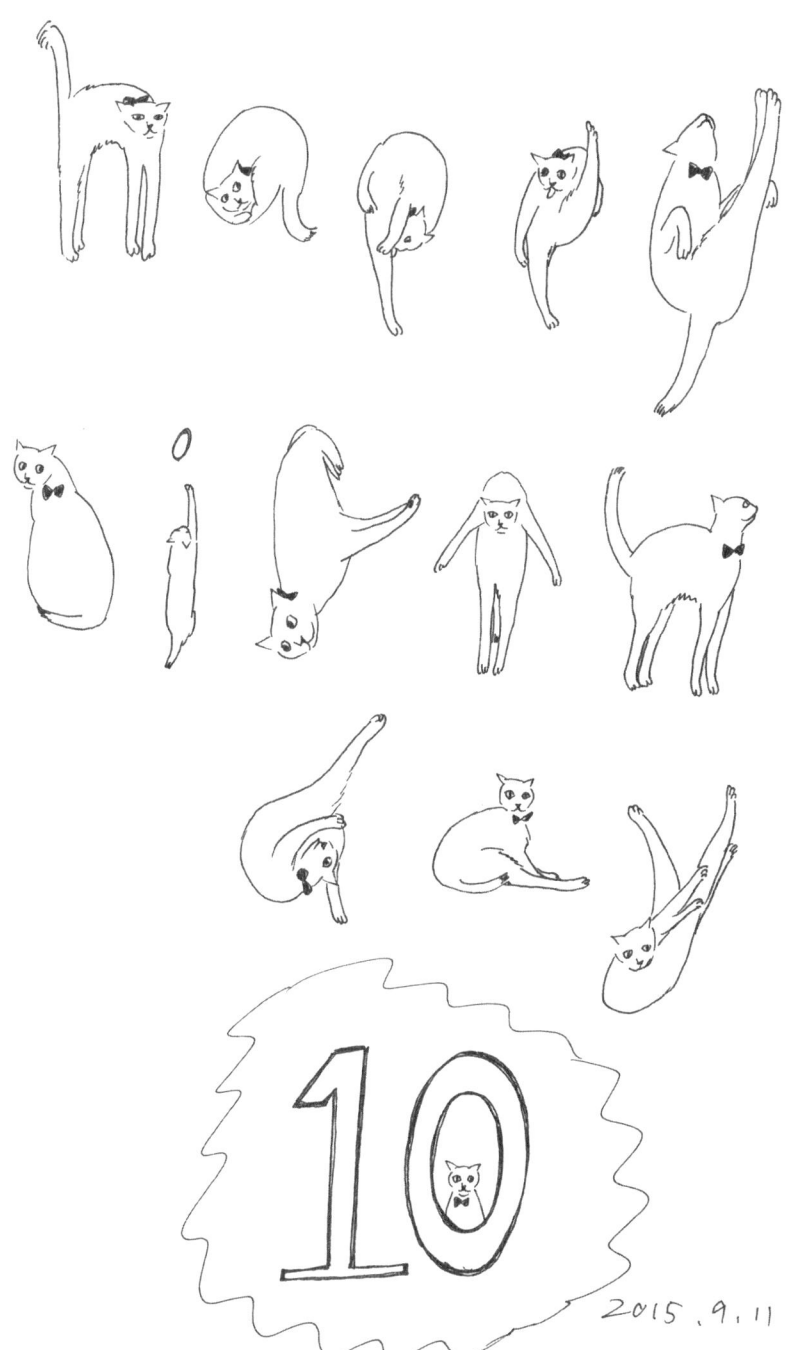

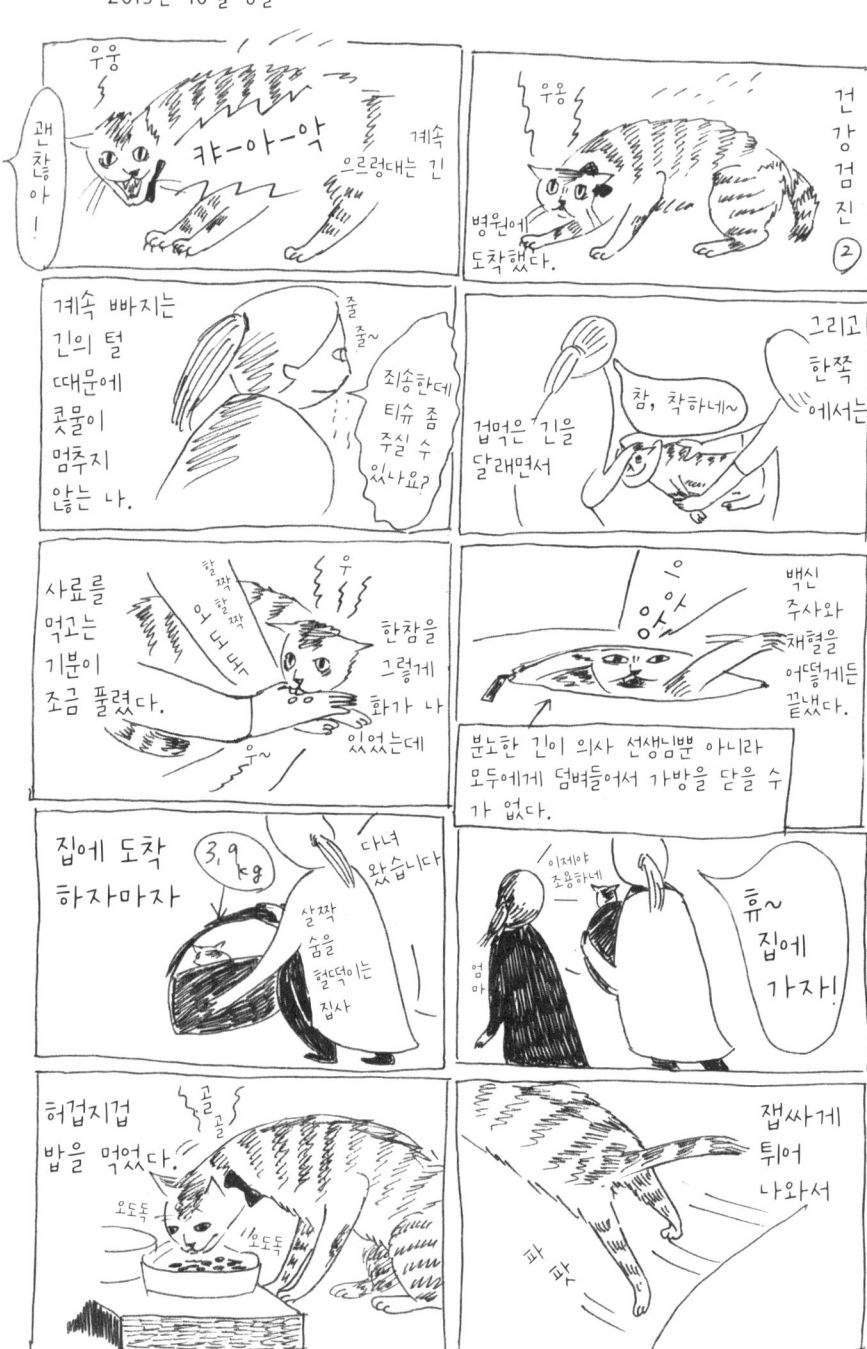

아침의 긴

멍하니 눈이 떠진 것이 먼저일까, 기척 때문에 눈이 떠진 것일까. '아, 긴이다!' 하고 생각함과 동시에 긴이 '폴짝' 부드러운 소리를 내며 침대로 뛰어 올라와서, 내 얼굴 왼쪽에 가만히 앉는다. 아직 감각이 아스라한 손바닥을 둥글게 해서 쓰다듬는다. 점점 손의 감각이 깨어나고 등의 감촉과 폭신폭신 위아래로 오르락내리락하는 배, 등의 온도를 만끽하고 있자니 긴이 일어나서 얼굴을 훌쩍 타고 넘어간다. 배의 폭신한 털이 얼굴을 간지른다. 머리맡에 둔 물을 마시기 시작할 텐데 어쩐 일인지 검은 눈을 동그랗게 뜨고 가만히 나를 보고 있길래 고개를 돌려 보니, 앗, 컵이 없다. 미안해. 어젯밤 물을 갈아주려고 부엌으로 가져갔다가 그대로 놔둔 것이 떠올라서 얼른 일어나서 갔더니, 나중에 침대를 내려와서 조금 떨어진 복도에서 나를 보고 있다. 귀를 쫑긋 세우고 가늘고 긴 삼각뿔처럼 깔끔하게 앉은 모습. 가슴의 새하얀 털이 군데군데 뭉쳐 있다.

내가 "아직 더 잘 거야." 하고 말하고 침대로 돌아가면, 찰싹 달라붙어 와서 몸을 '<' 모양으로 구부린 내 팔과 허벅지 사이, 그러니까 배 옆에 생긴 공간에 앉은 다음 다리를 쭉 펴고 눕는다. 내가 둥글게 몸을 말고 있어서 긴에게 공간이 조금 좁았는지, 살짝 삐져나오듯이 앉아 내 팔에 기대고 있다. 닿은 곳이 따뜻하다.

피슉, 픽, 픽, 작은 공기 방울이 터지는 듯한 소리가 나기 시작하고, 이내 소리의 간격이 짧아지고 푸르르 푸르르 내쉬는 콧바람에 맞춰 소리가 커진다. 목을 울린다기보다는 몸 전체에 메아리가 울려서, 손가락에도 소리가 전해진다. 가슴 주변을 쓰다듬으면 손에 느껴지는 그 아주 작은 숨결이 기쁘다.

머리를 쓰다듬는다. 천천히 한 줄씩 누웠던 털끝이 일어나고 귀가 쫑긋 솟아올랐다가 돌아온다, 둥그런 머리부터 목, 어깨의 반원을 만지고 그대로 등을 쓰다듬는다. 보기에는 매끈한 도기 표면 같지만, 손가락 끝이 파묻히는 엄청난 보드라움이 있다. 손가락을 가볍게 세워 털의 물결을 지나간다. 완만하고 동그랗게 부푼 배, 그 말랑한 곡선을 지나서 다시 보드라운 등으로.

원래 위치로 돌아가서 이번에는 얼굴을 옆에서 쓰다듬는다. 둥글게 구부린 손바닥으로 가려지는 작은 머리, 흰 수염의 부드러운 탄력. 뺨의 털에 비해 코부터 이마의 털은 짧다. 눈 위 눈썹 주변의 털이 약간 듬성듬성해서 '여기를 자주 뒷발로 긁는구나.' 하고 생각한다. 외박하고 돌아오면 여기서 작은 땜빵을 발견할 때가 있다. 엄지손가락으로 콧날을 덧그린다.

탄력 있는 짧은 털의 감촉, 그리고 귀 바로 뒤, 만지고 있어도 느껴지지 않을 정도로 부드러운, 아주아주 작은 숨결에 감싸여 있는 듯한 긴의 가장 보드라운 부분.

　가슴의 네모난 골격을 엄지손가락으로 만지면서 다시 등을 쓰다듬는다. 가슴을 감싼 털은 탄력 있는 거품 같고, 그 부드러운 털의 밀도 사이에 군데군데 좁은 그림자가 진다. 눈을 감아도 그 깊은 흰색을 떠올릴 수 있다.
　긴이 쓱 자세를 가다듬더니 그대로 손가락 끝부터 등까지 들어 올리며 기지개를 켠다. 머리를 가슴에 파묻고 등은 아치 모양을 그리며 털을 곤두세우니, 몸의 대부분이 다리가 된 것처럼 보인다. 발가락 사이까지 조금씩 벌어지는 모양이 사랑스럽다.
　그런 다음 산뜻한 걸음걸이로 내 몸을 딛고 넘어가면, 긴이 물을 마시는 소리가 들려온다. '찹찹' 물 표면을 작게 두드리는 소리. 평소처럼 앞발로 받침대를 잡고 마시고 있겠지. 내가 하늘을 보고 누움과 동시에 성큼 발을 크게 돌려서 이불을 힘껏 밟고 내 발치로 이동해 긴의 전용 타월 위에 정직하게 몸을 둥글게 말고 눕는다. 둥근 엉덩이 양옆으로, 날개 같은 다리가 있다. 그 너머에 가느다란 어깨와 볼록한 머리, 뾰족한 귀가 보인다.
　바라보고 있으면 내 발끝에 이마를 대고 몇 번이나 좌우로 비빈다. 왠지 모르게 갑자기 귀여워서 눈물이 나올 것 같다. 말로는 충분하지 않아서 '아, 긴의 머리는 작구나' 하고 혼자 마음속으로 되뇌며 긴을 보고 있다.

2015년 12월 7일

일상

68

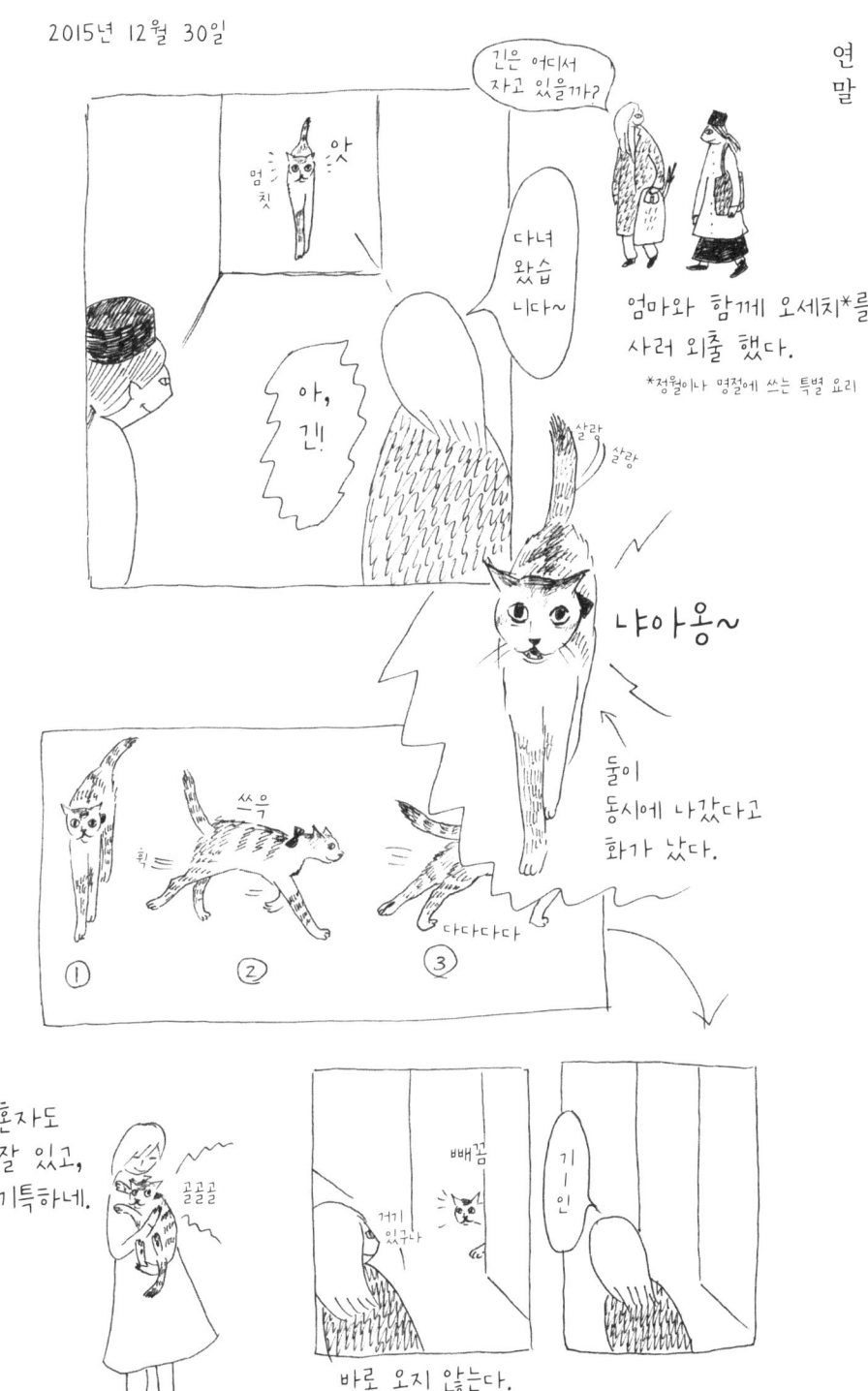

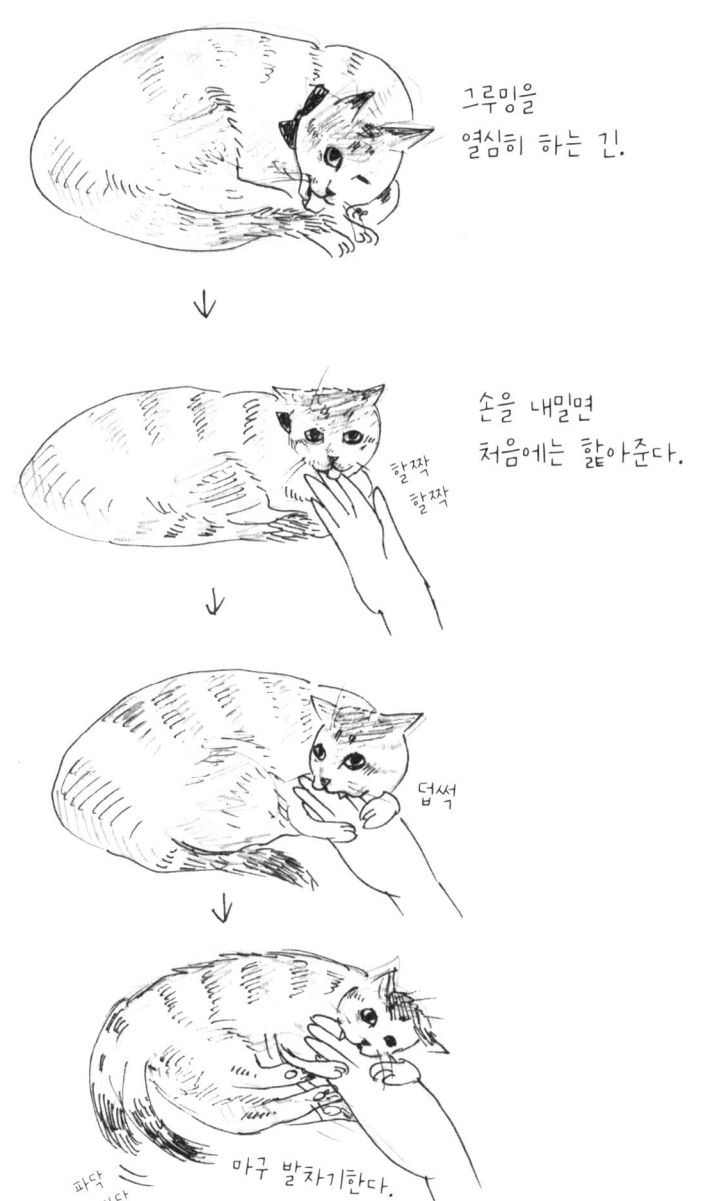

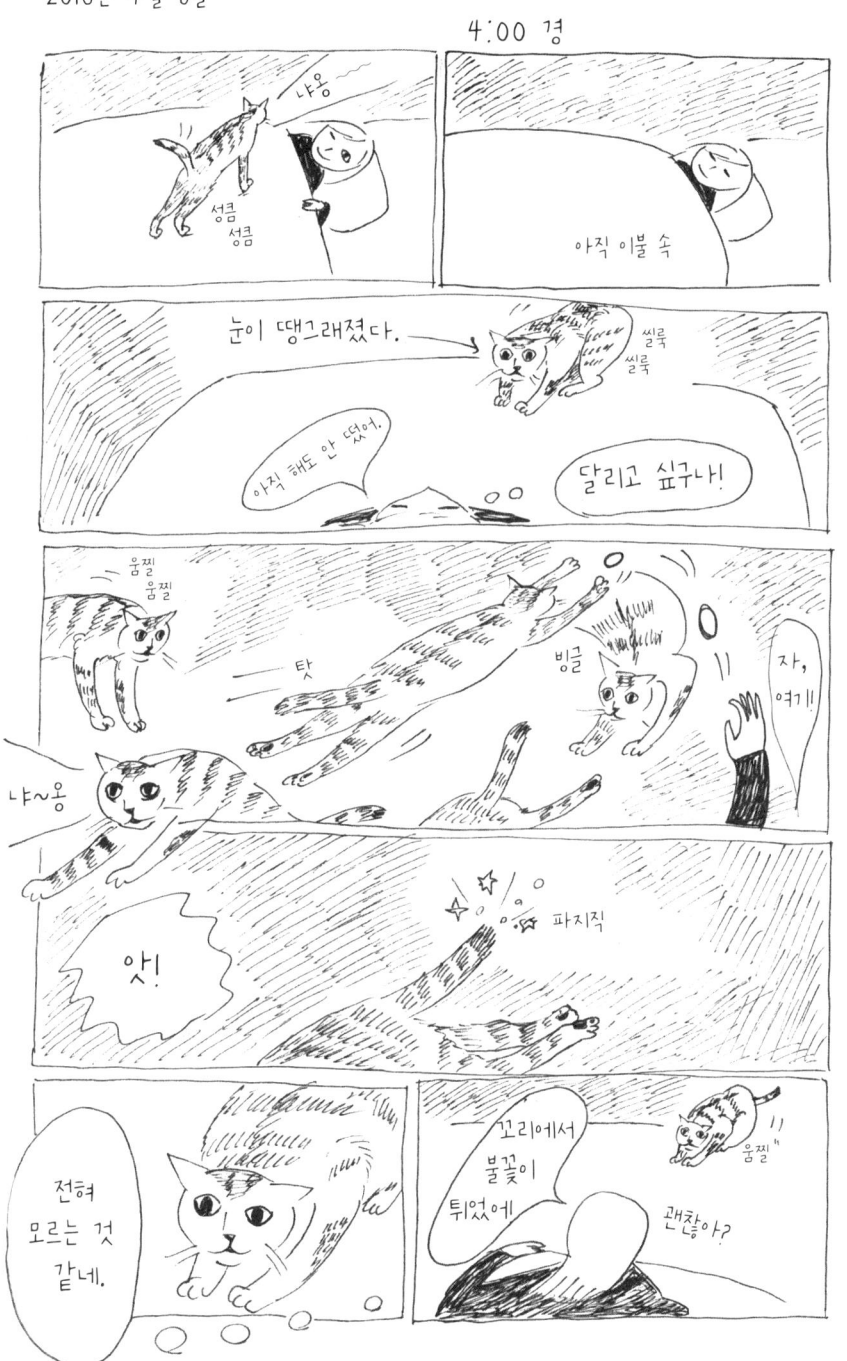

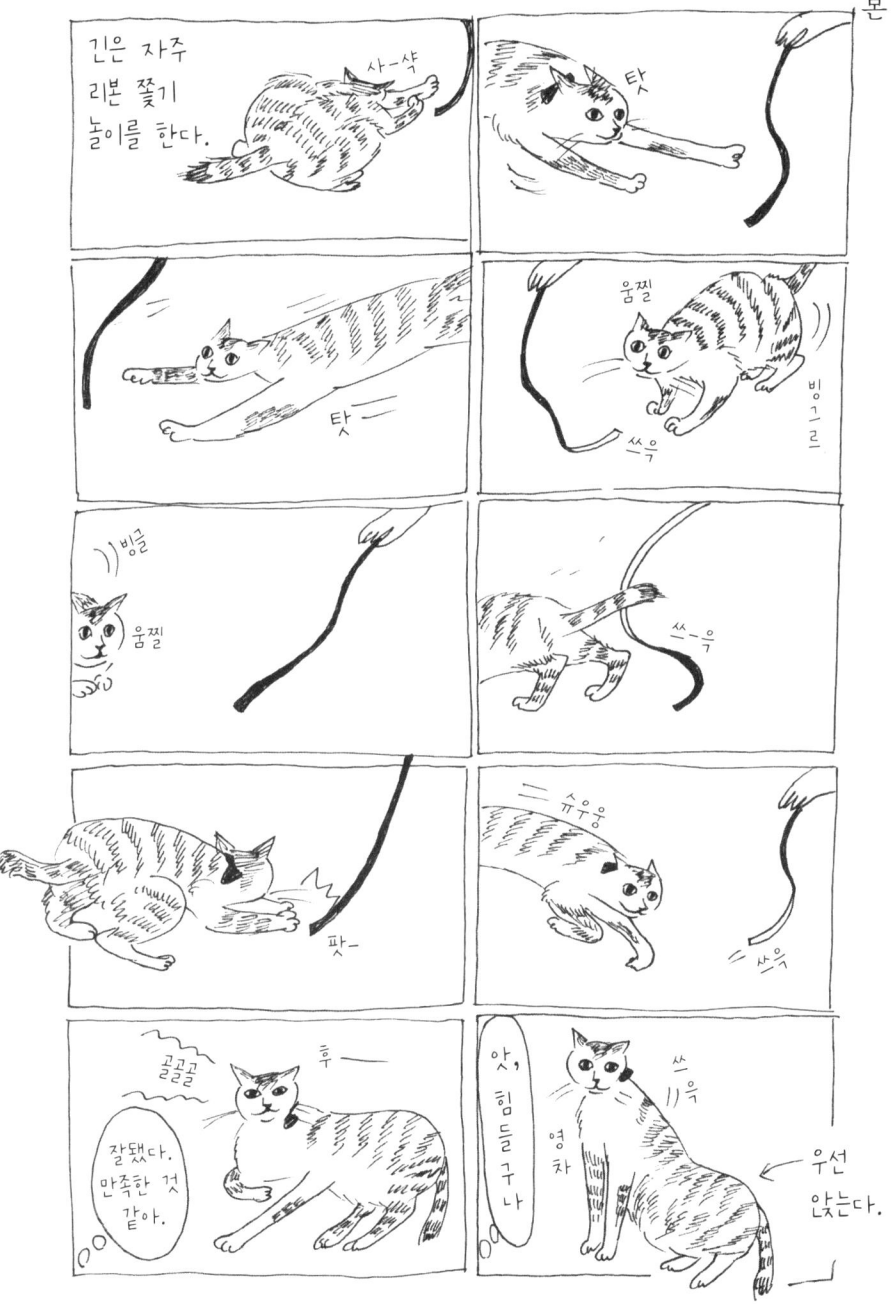

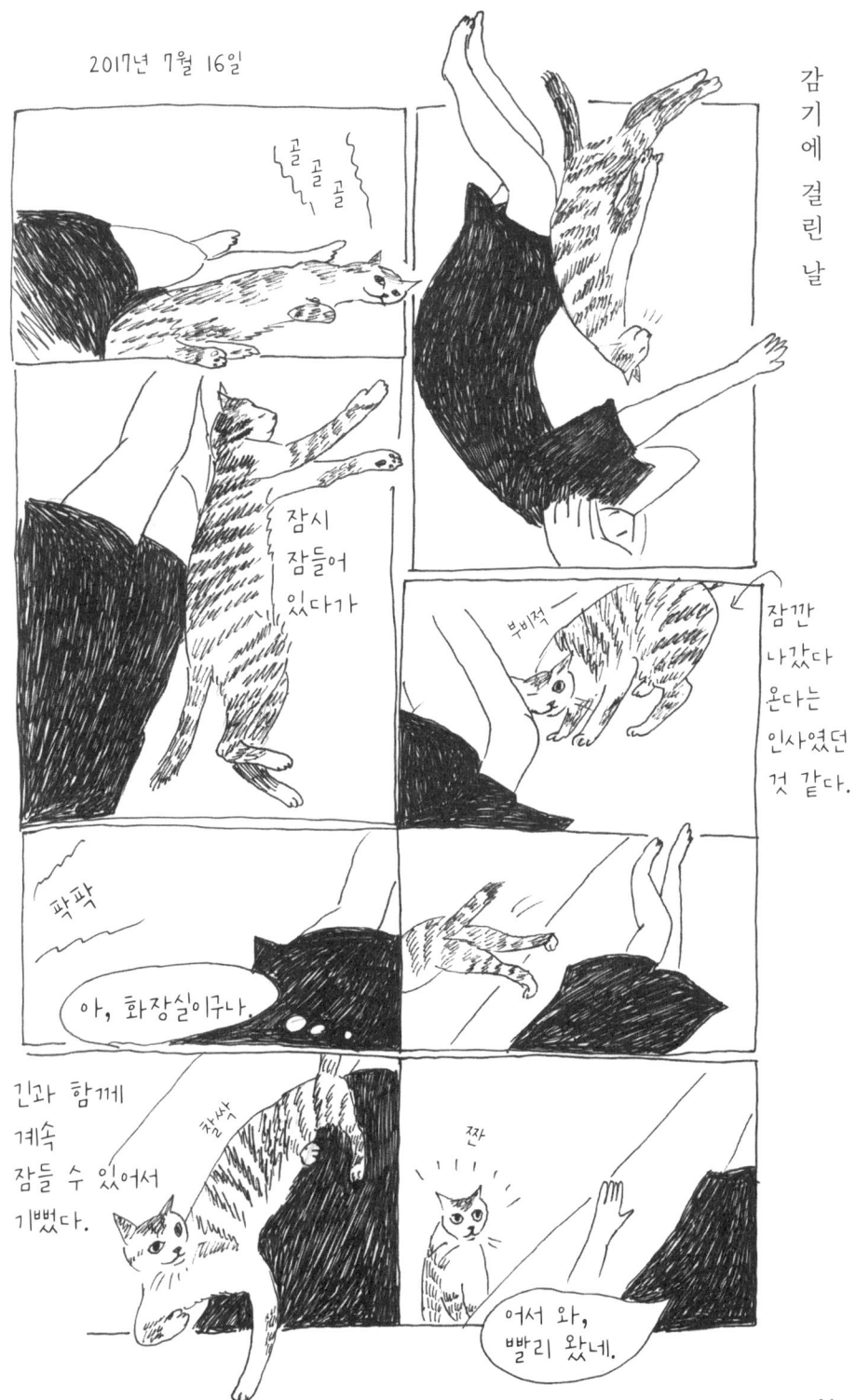

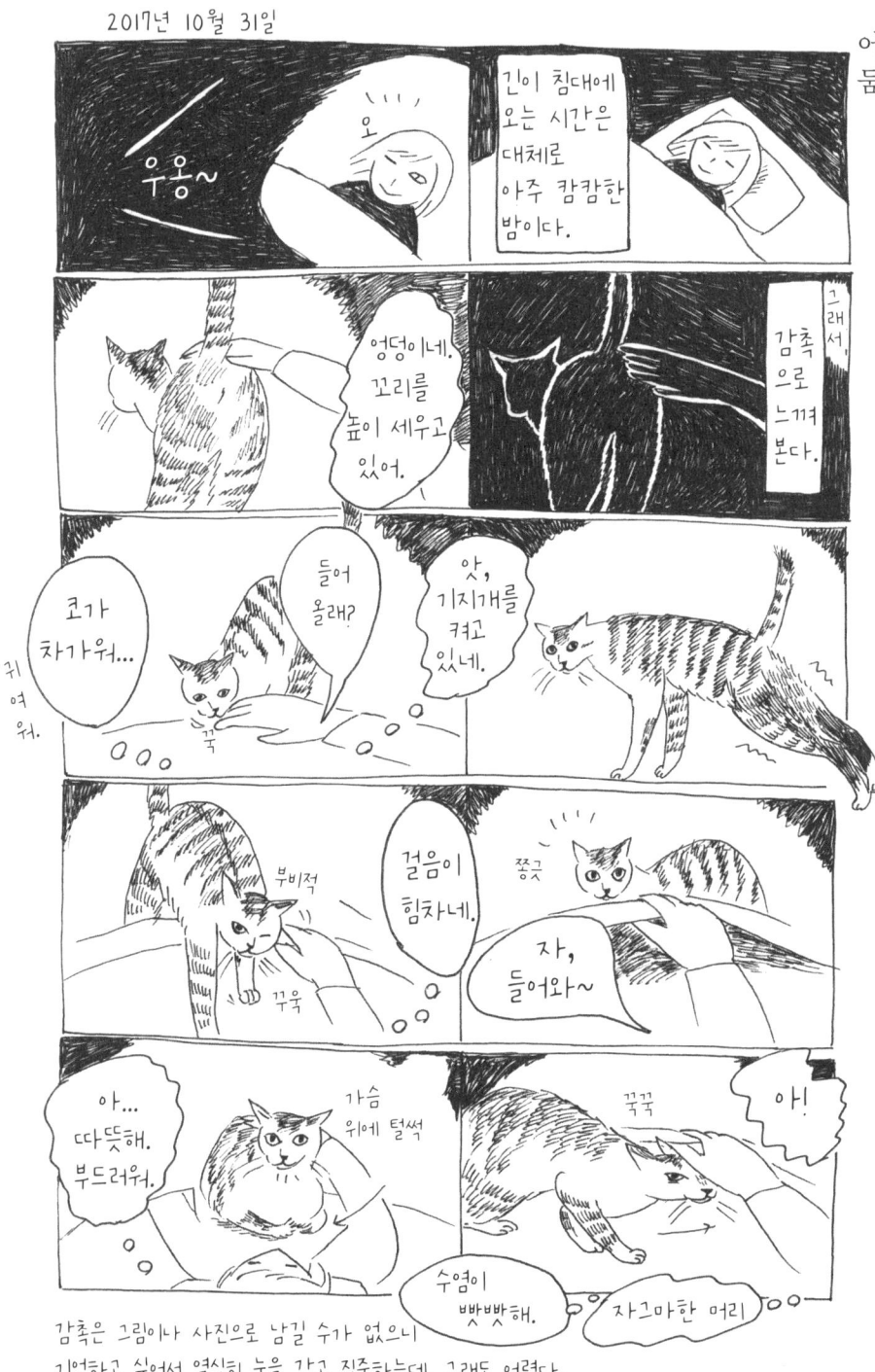

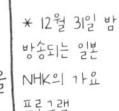

산책

저녁에 잠시 산책을 나간다.

밖에 나가면 주변을 감싼 공기가 바뀐다. 넓은 공간에서 느긋해지는 흐름, 여름의 습기, 무성한 녹음과 커다란 구름을 품은 공기의 냄새.

병원에 데려갈 때마다 크게 울다가 고개를 위로 쭉 뻗고 열심히 바깥 냄새를 맡는 긴이 떠오른다. 긴은 이 느긋한 공기 속에서 무엇을 발견할까?

옆 맨션 안쪽으로 뻗은 가늘고 긴 정원에 비파나무와 방울방울 맺힌 노란색 열매가 보인다. 나무와 가까운 지면에 용도를 알 수 없는 사각형의 회색 상자가 있는데, 그 위에 갈색 고양이가 앉아 있는 것을 자주 보았다. 그런데 지금은 공사 중인지 검은 그물과 금속 골조로 외벽이 덮여 있어서 고양이의 모습은 보이지 않는다. 마음에 드는 다른 장소를 발견했기를 빈다.

올려다보니 맨션 꼭대기의 희고 둥근 급수탑과 사다리에 끝에서 물감을 떨어트린 것처럼 햇살이 비치고 있다.

걷다 보면 조금 큰 길이 나오고 건물에 가려져 있는 저녁의 강한 황금빛이 쏟아져 들어온다. 선글라스를 써도 눈이 부시고, 먼 곳에서 불로 다가가는 것처럼 이글이글 뜨겁다. 이름을 모르는 가로수의 이파리 하나하나가 금빛으로 둘러싸여서 바람이 불 때마다 잔물결처럼 빛이 흘러넘친다. 머리카락을 빗어 넘기는 부드러운 바람에 눈을 가늘게 뜨고 '아, 5월이 이런 느낌이었나.' 하고 멍하니 생각한다. 기억이 나지 않는다.
나뭇잎이 바스락거리는 소리가 사방에서 들려오고, 건물 창문에는 어렴풋이 구름이 비치고 있다. 나는 이런 것들을 하나하나 구별할 수 있지만, 긴은 눈에 비치는 것을 어떻게 보고 있을까? 저쪽을 걷는 사람과 그 옆에 있는 건물과 길, 그 앞에 있는 내게는 보이지 않는 공기의 층, 여러 가지 소리, 자신과 그 외의 것. 나는 처음 듣는 소리의 정체, 예를 들어 사람의 목소리나 잎사귀가 바람에 스치는 소리, 자동차가 달리는 소리를 구별하는 것에 익숙하지만, 긴은 무엇과 무엇을 나누고 보고 들으며 냄새를 맡는 걸까?

집에 돌아와서 언제나처럼 내 책상 위에 놓인 마작 패 모양 쿠션에 누워 있는 긴에게 "다녀왔어." 하고 말을 걸면, 동글납작하게 누워 있던 자리에서 머리를 들어올리고 입을 움찔움찔 움직이듯이 냄새를 맡으면서 이쪽을 본다. 어둠 속에서 동그란 검은 눈망울이 빛을 반사해 한순간에 금빛이 되고, 내가 천천히 눈을 깜빡이면 긴도 천천히 눈을 가늘게 뜬다.

 그대로 내 얼굴을 지그시 바라보고 있으므로, 손을 뻗어 턱 아래부터 목 쪽으로 문손잡이를 돌리는 것 같은 손 모양을 하고 집게손가락 바깥쪽으로 쓰다듬으면, 손바닥의 움푹한 곳에 머리를 대고 꾹 누르면서 그대로 잠시 가만히 있는다. 그러고는 살짝 혀를 내밀고, 핥아준다기보다 손끝으로 만지듯이 여러 번 손바닥에 혀를 댄다. 다시 자기 뒷다리에 턱을 올리고 눈을 감는다.

 나는 정수리를 엄지손가락으로 소리를 내며 쓰다듬고 귀밑을 살짝 만지고 다시 두 손으로 쓰다듬으면서 슬쩍 머리의 냄새를 맡는다. 긴은 거의 밖에 나가지 않는데 밖에서 맡는 넓은 공간의 냄새가 난다.

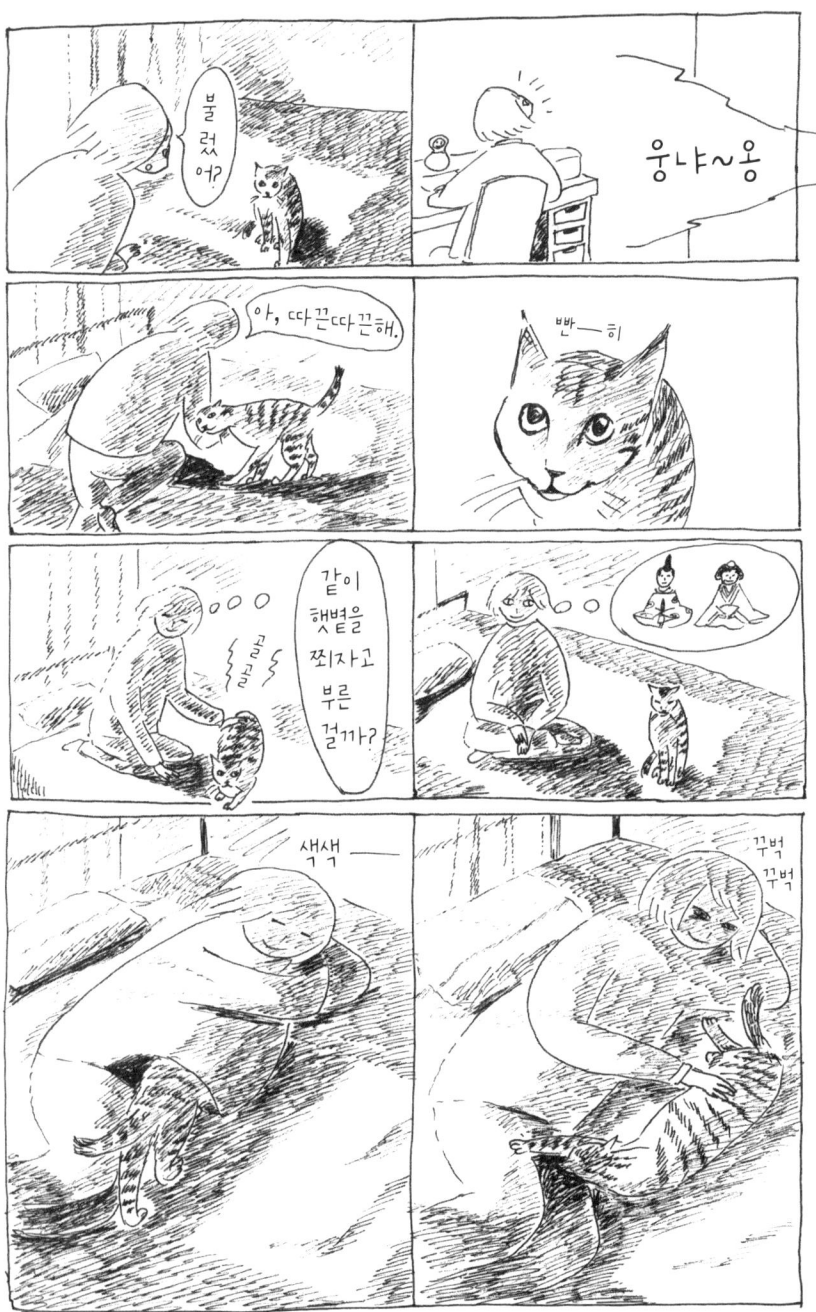

2018년 4월 5일

바람

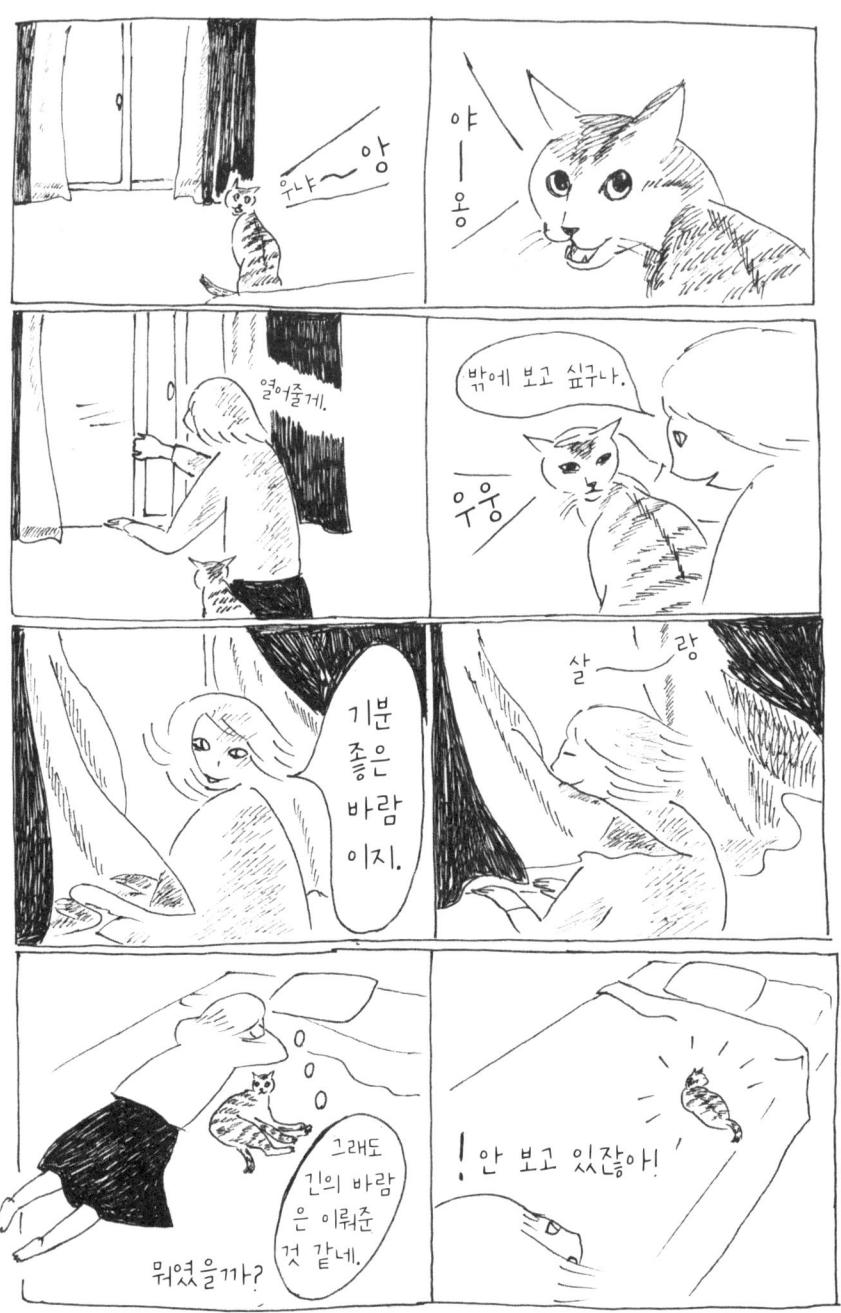

봄잠에 새벽이 온 걸 깨닫지 못하니*
(고양이와 함께라면 특히)

* 중국 당나라 시인 맹호연의 시, 〈춘효(春曉)〉의 한 구절

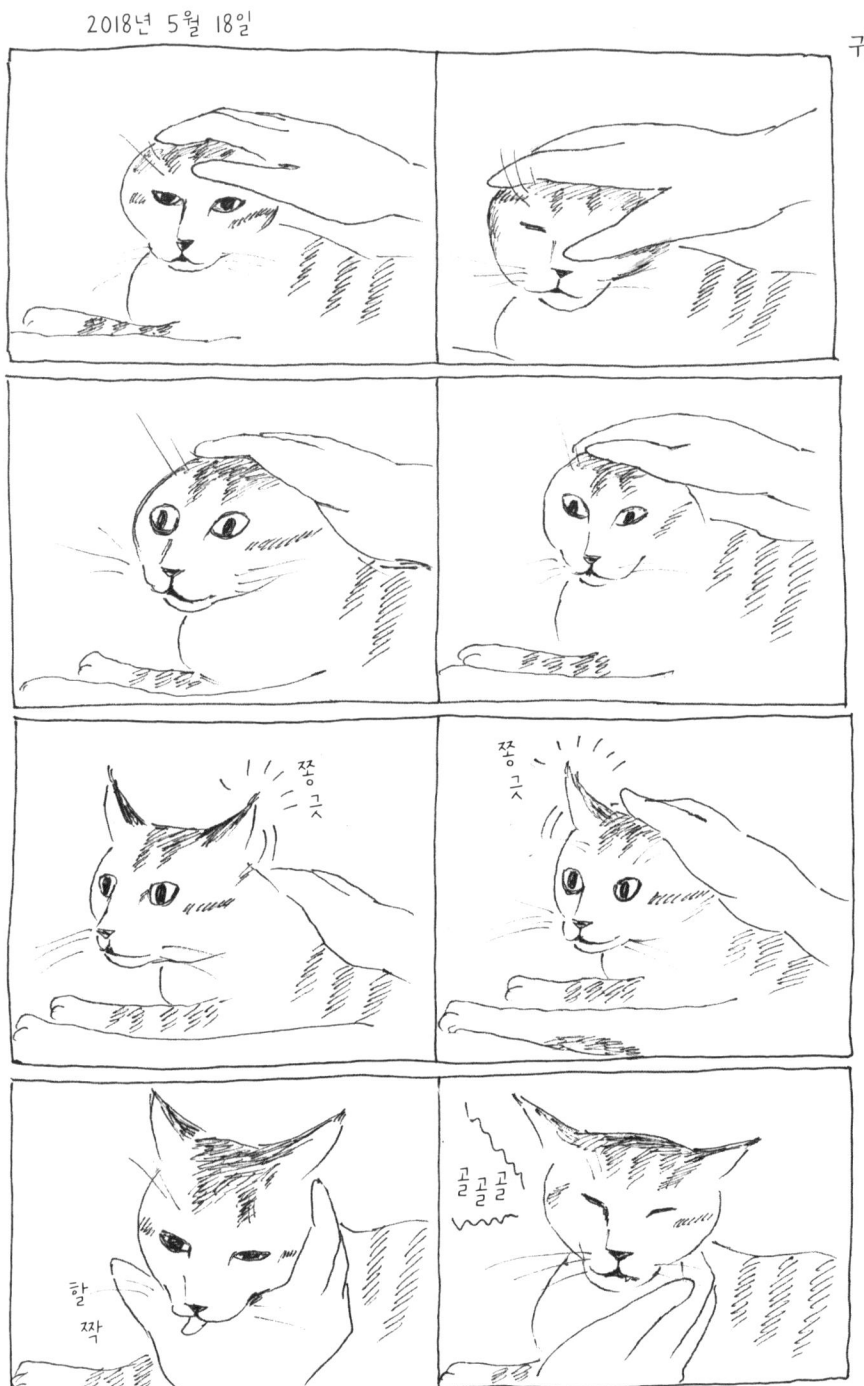

2018년 5월 31일

불의의 습격

부비적

아

잠깐 휴식 시간

후후후

다른 방에서 자고 나온 긴.

잘 잤어?

우왓

촤아악

퍽

아... 다 젖었네.

아— 귀여워라.

2018년 6월 10일

새 침대

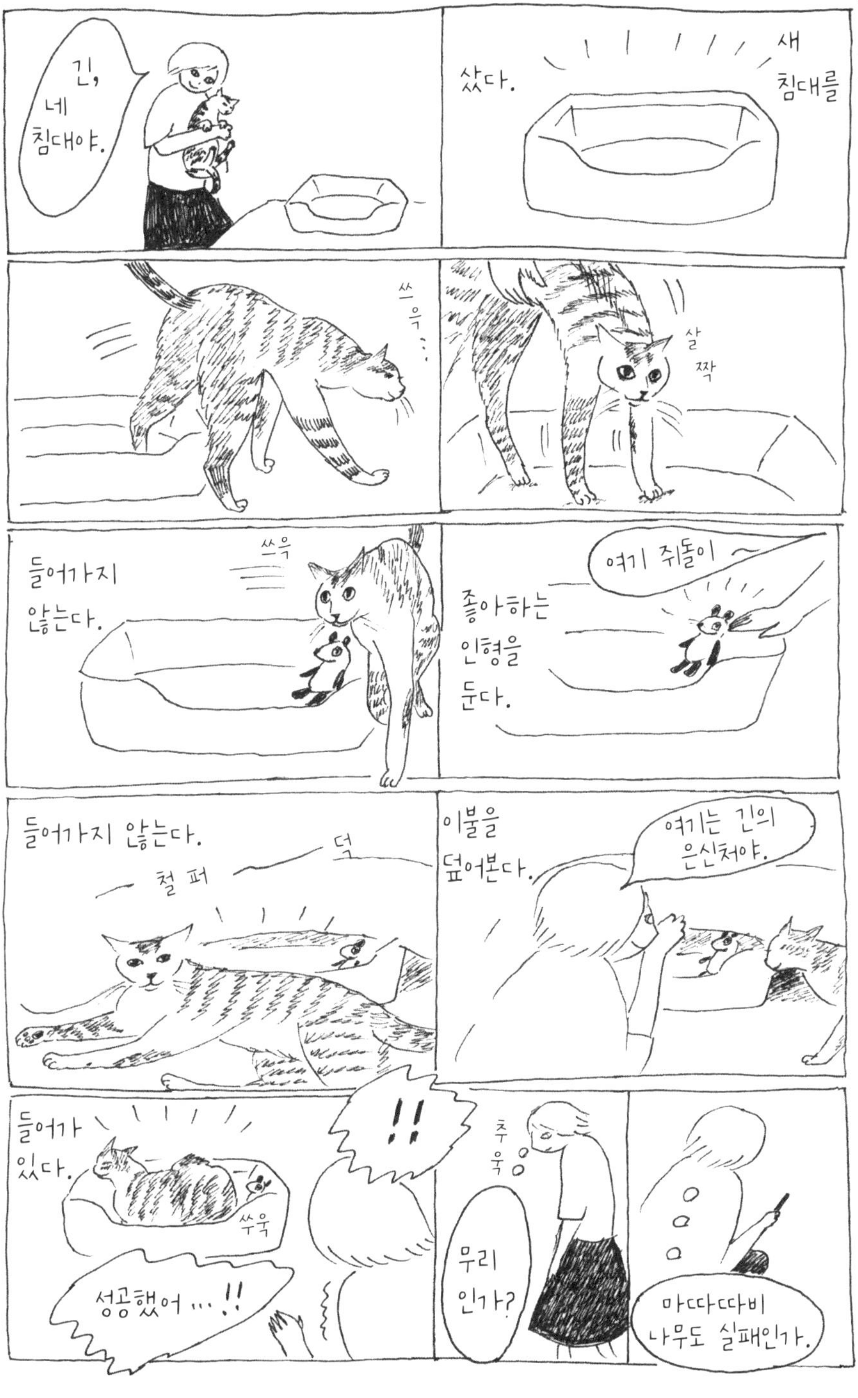

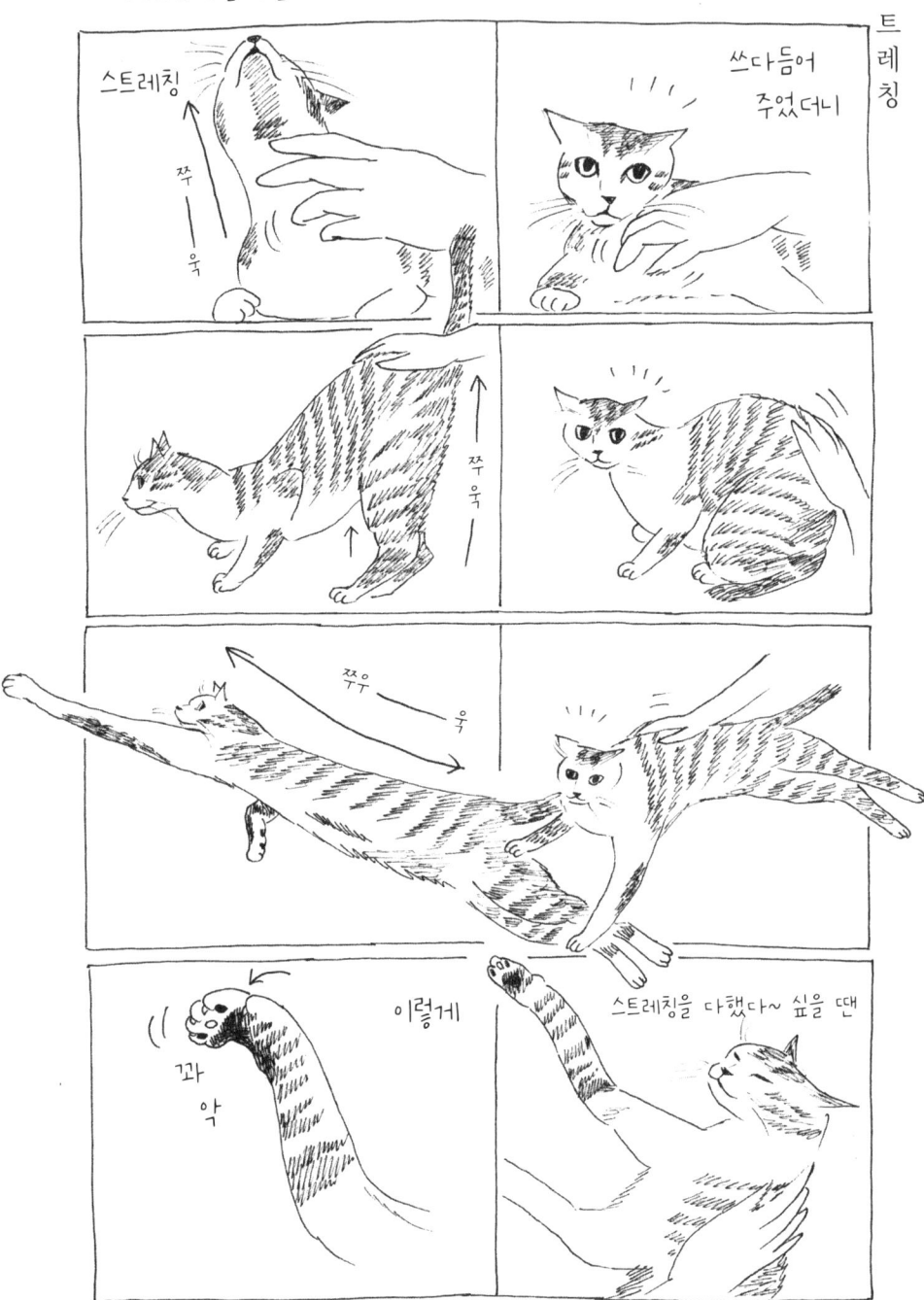

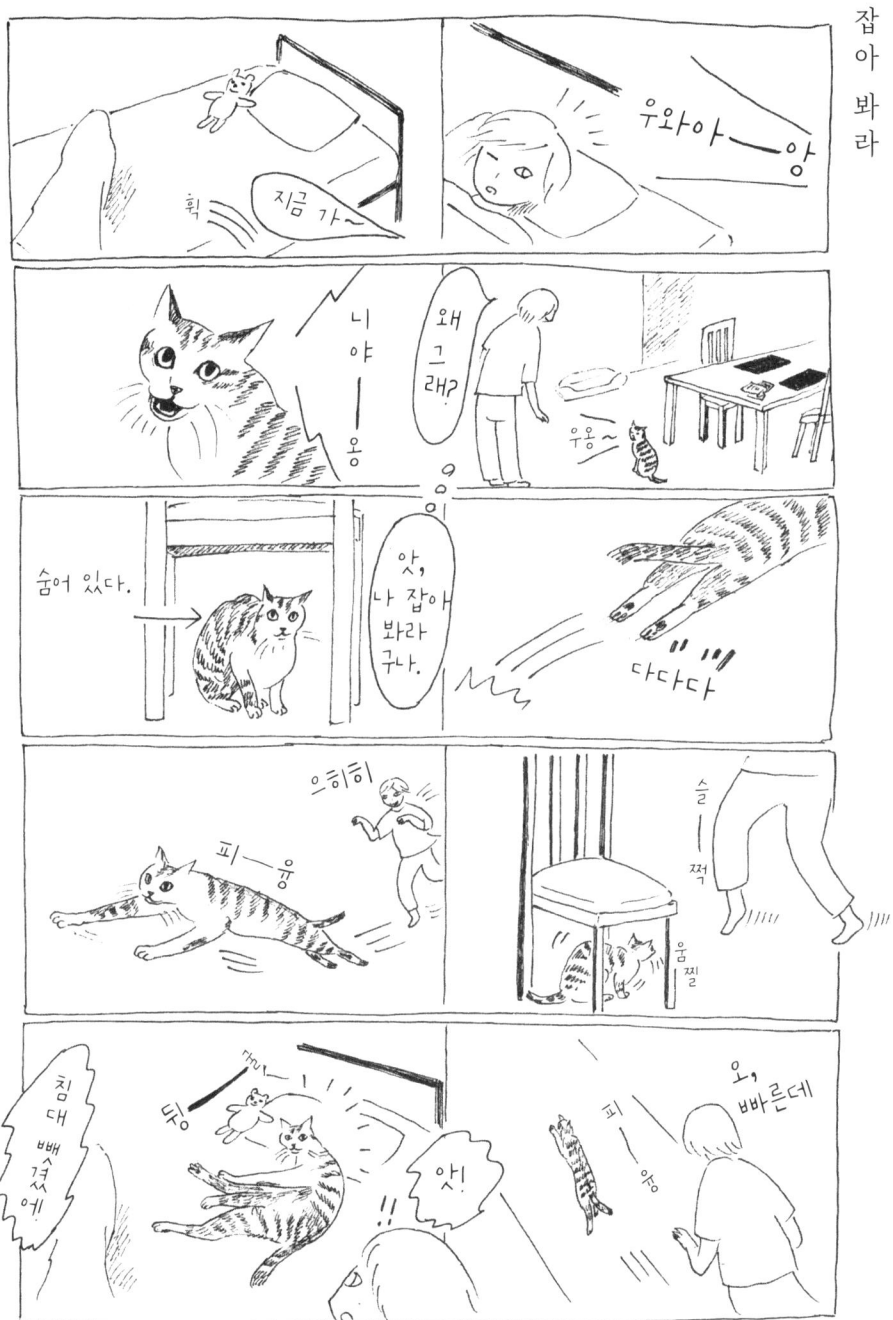

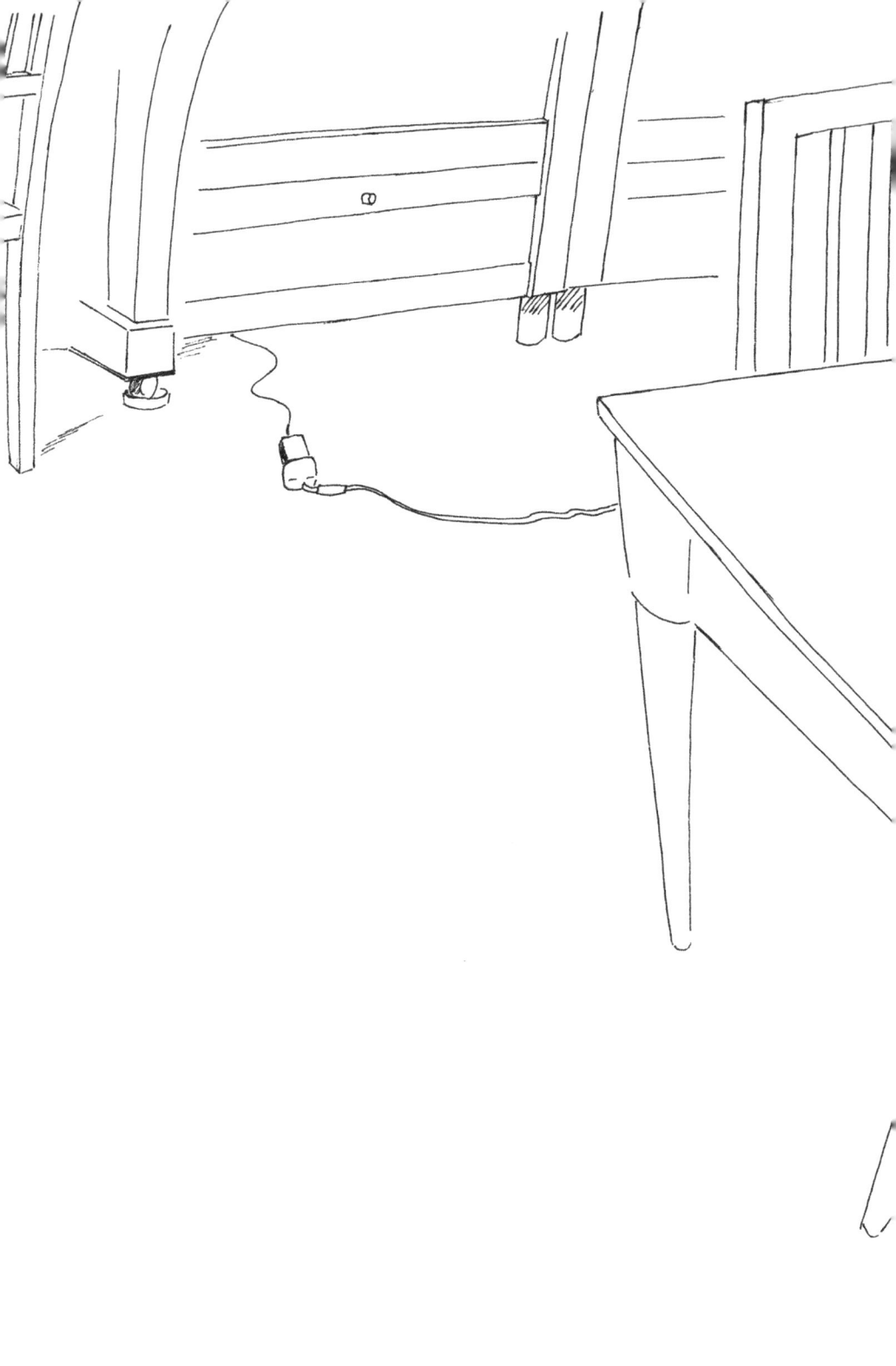

2018년 7월 1일

똑같아

조물조물

피—용

샤웅

꽈악

할짝 할짝

발이 삐져 나오면 나도 모르게 만지게 되네.

아~ 귀여워.

긴도 같구나.

꾸우 욱

스륵

2018년 7월 12일

꼬리

긴의 꼬리는 갈고리 모양이다.

살짝 만지면 생각보다 심지가 도톰하다.

샥
주의하고 있는데

하악
어딘가에 걸리면 아픈 듯해서

부들부들
다리 쪽에 도착할 때까지 이불을 들어준다.

아앗!
마시던 물에 풍당

긴!
꼬리! 꼬리! 젖는다고!

정작 긴은 꼬리에 무신경하다.

2018년 7월 16일

여름 이불

쿨 / 쿨쿨
성큼 성큼 / 색색

덥지 않아? / 따끈 따끈 / 와오옹 / 응? 이불에 들어갈래?

오 / 색색
빼꼼

바람 쐬고 싶었구나! / 철퍼덕 / 화장실 가나? / 어디 가는 걸까. / 새우등 귀여워.

마루가 시원하구나.

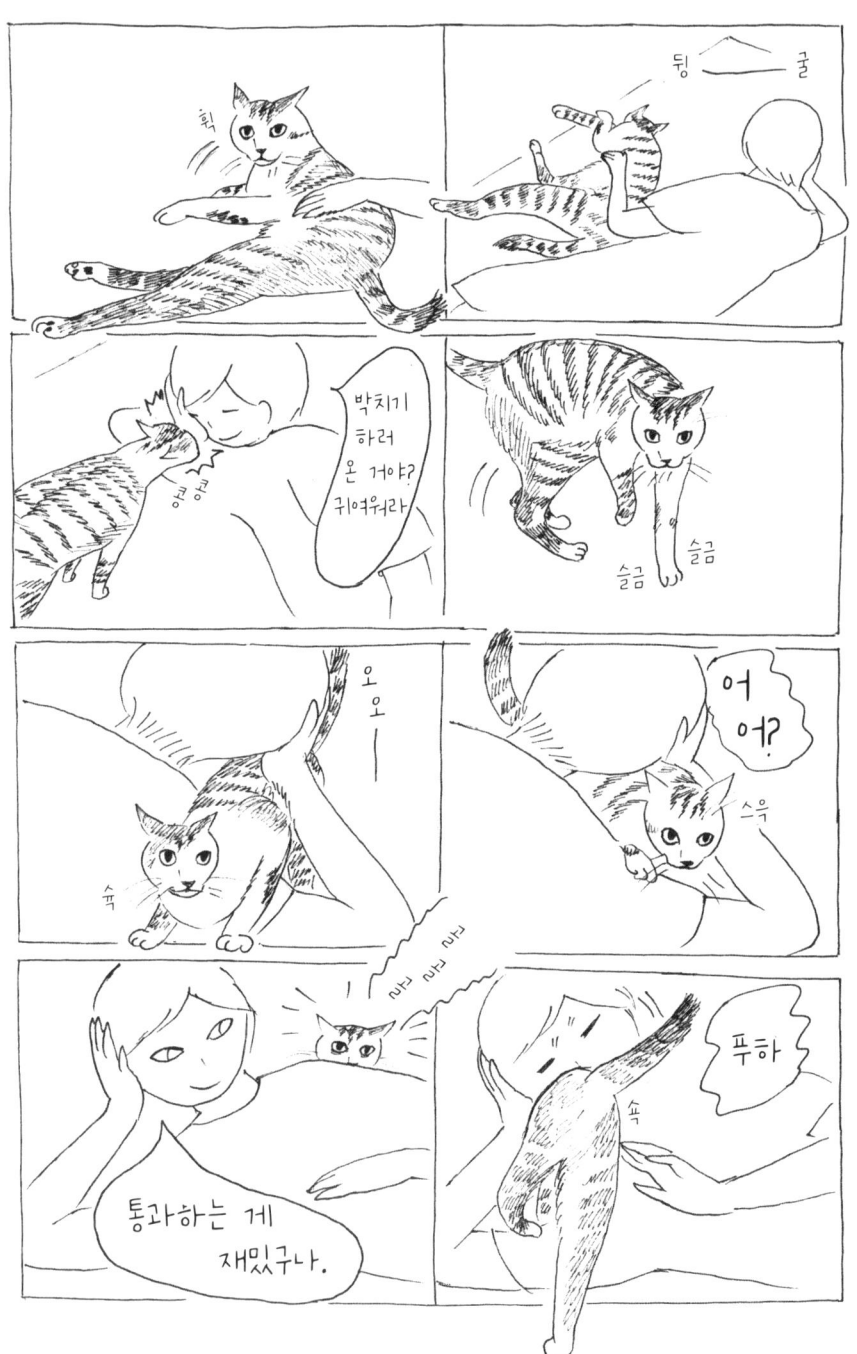

2018년 8월 2일

그림자

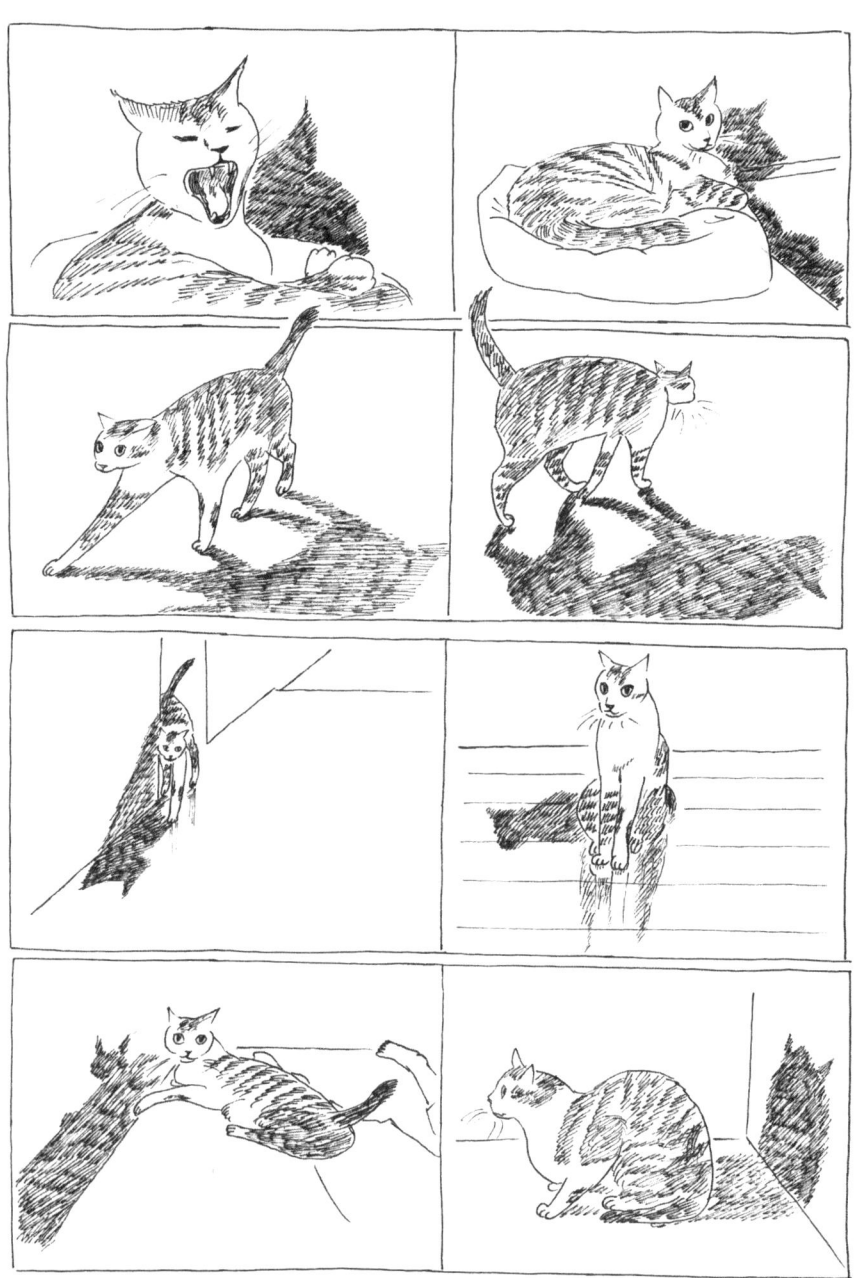

긴의 그림자는 긴의 모양이라서 귀엽다.

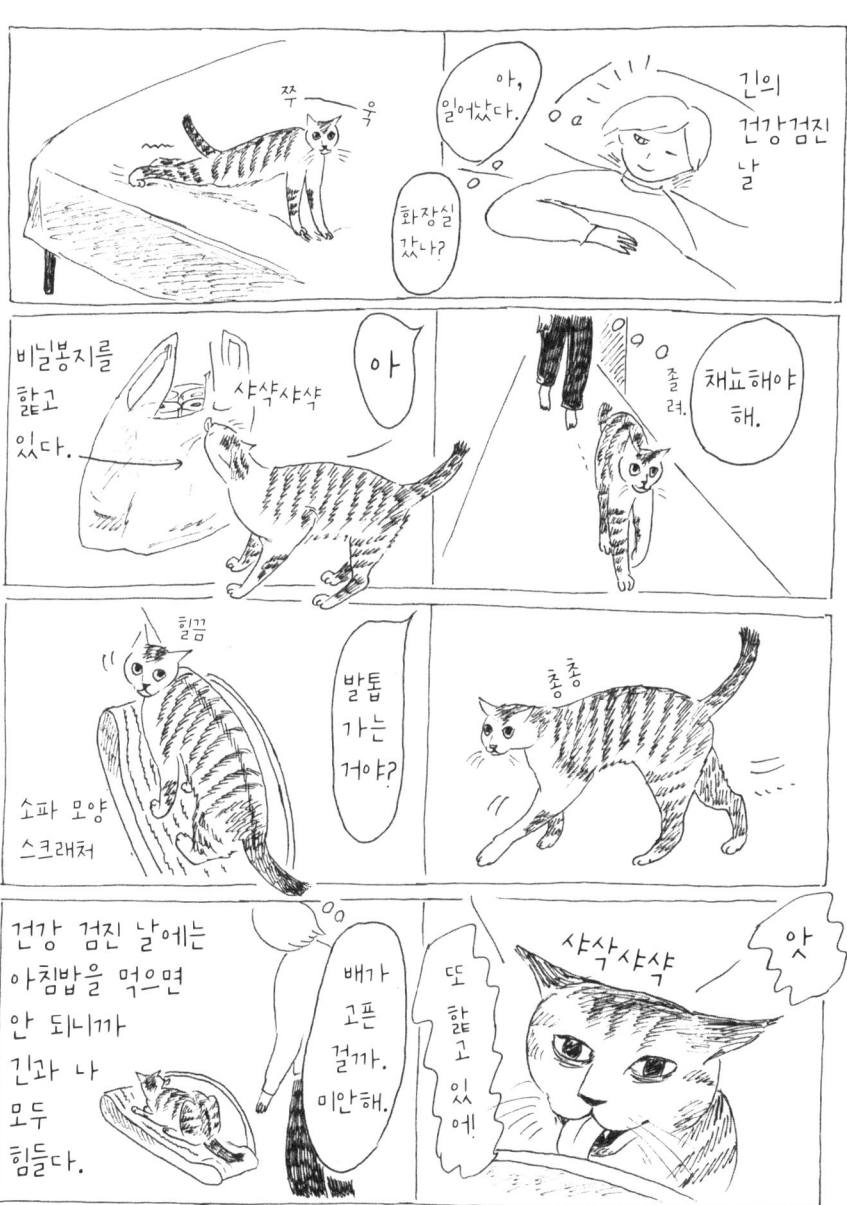

2018년 11월 11일

소파

최근, 마음에 드는 장소가 늘어난 긴.

소파로 가자고?

우아앙

부르르

자~

성큼

꾹꾹이 하네. 행복해~

골골골

꾹꾹

꾹꾹

꾹

충전기가 된 기분이야.

꽉

허벅지 사이의 틈에 딱 들어맞는다.

130

2018년 12월 27일

2019년 1월 17일

마치며
나를 구원할 기억의 조각보

《나의 긴 이야기》는 2014년 8월 8일, 긴이 여덟 살 무렵부터 그리기 시작하여, 지금도 계속 그리고 있는 기록 중에서 일부를 발췌하고 새로 그린 내용을 추가한 것입니다. 오랜만에 다시 읽어보니 내 그림이나 머리 모양, 말투는 부드럽게 변했으며, 공부 부족으로 실패도 하면서 긴은 아주 약간 얌전해진 것 같습니다. 어떤 그림을 봐도 눈앞에서 느긋하게 자고 있는 긴이 너무 선명해서, 기억은 마치 투명한 종이 너머로 보는 것 같습니다.

그래도 긴의 존재만으로도 이렇게 기쁩니다. 이러한 기억의 조각이 언젠가 나를 구원할지도 모른다고 생각했습니다.

그림을 그리고 얼마 지나지 않아 출간 기회를 주신 이시구로 씨, 책의 제작과 디자인의 스기야마 씨, 겐토샤의 기구치 씨, 감사합니다.

믿음직스러운 가족, 연인, 과거의 나, 그리고 누구보다 사랑하는 긴. 항상 정말 고마워요.

이 책을 손에 든 여러분이, 사랑하는 가족과의 행복한 나날 곁에 이 책을 놓아둔다면 저는 정말 기쁘겠습니다. 감사합니다.

오야마 미스즈
大山美鈴

1982년 도쿄에서 태어났다. 게이오기주쿠대학 문학부 시절에 그림을 그리기 시작해서, 졸업 후에 창작 활동에 본격적으로 뛰어들었다. 요루마치도오리 1초메(2007, gallery KOWA), 다비의 도쿄 쁘띠여행 스탬프 랠리(2010, 하라주쿠 디자인 페스타 갤러리 외), 어린이와 집 메르헨, 미스즈와 도쿄 메르헨(2011, 독일 동양 문화연구소) 등 개인전을 열어서 꾸준히 작품을 발표했다. 메가마소 등 뮤지션의 CD 자켓 및 굿즈 디자인, 그림책 《밤거리 미로》 출간 등 다양한 영역에서 활동 중이다. 6년 전부터 반려묘 긴과의 일상을 그린 만화를 트위터에 발표하고 있다.

트위터 @misuzuoyama
홈페이지 misuzu-oyama.com

옮긴이 최서희

중앙대학교에서 일본어와 일본문학을 전공했다. 번역의 매력에 빠져 바른번역 글밥아카데미 일본어 출판번역 과정을 수료하고 현재 전문 번역가이자 외서 기획자로 활동 중이다. 《운을 읽는 변호사》, 《혼자가 편한 당신에게》, 《피로를 모르는 최고의 몸》, 《나의 첫 다이어트 근육 홈트》, 《한 권으로 끝내는 보타니컬 아트》 등을 번역했다.

나의 긴 이야기

초판 1쇄 2020년 11월 11일

지은이   오야마 미스즈
옮긴이   최서희

펴낸곳   더모던
전화   02-3141-4421
팩스   02-3141-4428
등록   2012년 3월 16일(제313-2012-81호)
주소   서울시 마포구 성미산로32길 12, 2층 (우 03983)
전자우편 sanhonjinju@naver.com
카페   cafe.naver.com/mirbookcompany

ISBN 979-11-6445-345-0 07830

파본은 책을 구입하신 서점에서 교환해 드립니다.
책값은 뒤표지에 있습니다.

GINCHANTO WATASHI
Copyright © 2019 by OYAMA MISUZU
Original Japanese edition published by GENTOSHA, Inc., Tokyo, Japan
Koreanedition published by arrangement with GENTOSHA, Inc.
through Japan Creative Agency Inc., Tokyoand AMO AGENCY, Seoul

이 책의 한국어판 저작권은 AMO에이전시를 통해 저작권자와 독점 계약한 미르북컴퍼니에 있습니다. 저작권법에 의해 한국 내에서 보호를 받는 저작물이므로 무단 전재와 무단 복제를 금합니다.

STAFF

絵・文   大山美鈴
プロデュース・編集   石黒謙吾
デザイン   杉山健太郎
編集   菊地朱雅子 (幻冬舎)